fit mit

Barbara und
Klaus Moegling

Tai-Chi

als sanfte Körpererfahrung

FALKEN
VERLAG

„Fit mit“ ist eine Reihe moderner Sportbücher, die der Falken-Verlag in Zusammenarbeit mit dem Deutschen Sportbund herausgibt und die jung und alt zum Mitmachen anregen will.

Bisher sind erschienen:
Fit mit Kegeln (Nr. 2301)
Fit mit Volleyball (Nr. 2302)
Fit mit Tanzen (Nr. 2303)
Fit mit Stretching (Nr. 2304)

CIP-Kurztitelaufnahme der Deutschen Bibliothek

Moegling, Barbara:
Tai Chi als sanfte Körpererfahrung / Barbara u. Klaus Moegling. –
Niedernhausen/Ts.: Falken-Verl., 1987
(Falken-Bücherei)
ISBN 3-8068-2305-7

NE: Moegling, Klaus:

ISBN 3 8068 2305 7

Titelbild und Fotos: Fotostudio Burock, Naurod
Zeichnungen: Gerhard Scholz, Dornburg
Chin. Schriftzeichen: Kongdong Stasche, Herne
Die Ratschläge in diesem Buch sind vom Autor und Verlag sorgfältig erwogen und geprüft, dennoch kann eine Garantie nicht übernommen werden. Eine Haftung des Autors bzw. des Verlages und seiner Beauftragten für Personen-, Sach- und Vermögensschäden ist ausgeschlossen.
Satz: TypoBach Rhein-Main GmbH, Wiesbaden
Druck: Freiburger Graphische Betriebe, Freiburg

817 2635 4453 6271

Inhalt

Vorwort der Autoren

Die bewußte Erfahrung des eigenen Körpers ist in unserer modernen Zeit nicht mehr selbstverständlich. Aufgrund der Arbeits- und Lebensrhythmen, denen wir uns oftmals nicht entziehen können, sind so manche Gelegenheiten zur Körpererfahrung verschwunden, die es früher alltäglich gab und die der Mensch für sich und seine Gesundheit so dringend benötigt. Es besteht zunehmend die Gefahr, daß der Körper in seiner Vielfalt aus dem Bewußtsein schwindet und mehr und mehr zu etwas degeneriert, was man vor allem dann spürt, wenn es nicht mehr richtig funktioniert.
Doch – so formulierte einmal der amerikanische Körpertherapeut Alexander Lowen – wenn der Kontakt zum Körper schwindet, verliert sich auch der Bezug zur Realität. Unwohlsein und Erkrankung sind die Folgen. Das Leben kann nur im Bewußtsein des eigenen Körpers und im engen Kontakt mit der Wirklichkeit seine in ihm angelegten Möglichkeiten entfalten. Das Leben wird farblos und leer, wenn der Mensch seine auf den Körper bezogenen sinnlichen Wahrnehmungsmöglichkeiten nicht nutzt. Welchen Ausweg gibt es aus diesem Dilemma?
Sicherlich müssen verschiedene Wege beschritten werden. Hierüber wird noch später im Kapitel „Körpererfahrung und Gesundheit“ berichtet. Eine Menge aber kann der einzelne Mensch schon selbst für sich tun, indem er sich wieder in der bewußten Wahrnehmung seines Körpers übt. So sollen in diesem Buch verschiedene Übungswege aufgezeigt werden, die in der Ruhe und in der Bewegung Möglichkeiten sanfter Körpererfahrung anbieten. Diese Übungen laden zum spontanen Ausprobieren ein, können aber auch unter Anleitung in einer Körpererfahrungs- oder Freizeitsportgruppe durchgeführt werden. Das hier angebotene Übungsgut besteht aus Entspannungsübungen, Massageelementen, Atemübungen und besonders aus der „achtfachen eleganten Bewegungsreihe“ aus dem Bereich des Tai Chi Chuan.
Wir bieten diese Übungsgelegenheiten seit Jahren in verschiedenen Institutionen des Sports an, weil wir dort auf Multiplikatoren treffen. Wir glauben, daß Sportler durch diese Form der Körpererfahrung zu einem bewußteren Umgang mit ihrem Körper auch im Sport ermuntert werden können. Der Hamburger Sportpädagoge Jürgen Funke forderte einmal ein leibökologisches Verständnis im Sport: Sport solle im Bewußtsein des eigenen Körpers und voller Achtung vor ihm durchgeführt werden. Wir versuchen über unsere Übungen den achtungsvollen Umgang mit dem eigenen Körper zu fördern.
Wir haben sehr viele positive Eindrücke und „Feed-Backs“ aus den Gruppen und Seminaren mitnehmen dürfen, die wir in den Fortbildungswerken der Lan-

dessportbünde des DSB, im Hochschulsport und in den verschiedenen Institutionen der Sportlehreraus- und -weiterbildung angeboten haben. Dies ermutigt uns immer wieder, etwas von dem vielfältigen und umfangreichen Übungsgut zu veröffentlichen. Wir wünschen Ihnen viel Freude an Ihrem Körper und an Ihrer Bewegung. Mögen die Übungsanregungen zumindest ein kleiner Beitrag zu einer umfassenderen Lebensgestaltung sein.

Barbara Moegling

Klaus Moegling

Yin und Yang – taoistisches Denken auch im Sport?

Yin und Yang stellt ein Begriffspaar dar, das aus der traditionellen chinesischen Philosophie stammt.
Ursprünglich bedeuteten Yin und Yang die schattige und die sonnige Seite eines Hügels. Die Chinesen bezogen nun beide Symbole auf die verschiedenen Aspekte der Geschlechtlichkeit. Yin symbolisiert das weibliche und Yang das männliche Prinzip. In jedem Menschen – egal ob Mann oder Frau – will beides zum Zuge kommen. Das weibliche Prinzip (Yin) repräsentiert folgende Eigenschaften:

Intuition
Weichheit
Entspannung
Zurückweichen
Empfangen
Erhalten

Das männliche Prinzip (Yang) ist durch folgende Qualitäten gekennzeichnet:

Rationalität
Härte
Anspannung
Vorwärtsdrängen
Fordern
Verändern

Chinesische Schriftzeichen für Yin (oben) und Yang (rechts).

Hierbei geht es nicht um die Zementierung einseitiger Geschlechterrollen, sondern um die nichtwertende Beschreibung zweier Gestaltungsprinzipien, die in jedem Menschen, jedem Tier und in jedem natürlichen Vorgang enthalten sind. So schreibt Laotse:

„Wer seine Mannheit kennt
und seine Weibheit wahrt,
der ist die Schlucht der Welt.
Ist er die Schlucht der Welt,
so verläßt ihn nicht das ewige Leben,
und er wird wieder wie ein Kind."
(Laotse, Tao te king)

Westliches Denken versucht Wirklichkeit in seiner Gegensätzlichkeit zu betonen, ohne dabei die Gemeinsamkeit des Unterschiedlichen zu erkennen. Vieles wird nach weiblich und männlich, hoch und tief, schnell und langsam, innen und außen, voll und leer, gut und böse, schwarz und weiß eingeteilt, ohne daß man sich bewußt macht, daß diese vermeintlichen Gegensätze eine polare Qualität haben. Polarität meint hierbei, daß zwar unterschiedliche Merkmale vorhanden sind, diese aber ergänzend wirken. Das eine kommt ohne das andere nicht aus. Das Ganze wird durch beide Qualitäten gestaltet. Das grafische Symbol für Yin und Yang (oben rechts) kann dies anschaulich verdeutlichen:

Das Ganze – der Kreis und die Kreisfläche – ist durch zwei tropfenförmige Figuren (ursprünglich einmal zwei Fische) gestaltet, die ineinander verschlungen sind. Der schwarze Tropfen (Yin) geht in den weißen Tropfen (Yang) über. Doch selbst dort, wo der weiße Tropfen am breitesten ist, findet sich ein schwarzer Punkt. Ebenso entdecken wir in dem Yin-Tropfen einen weißen Yang-Punkt. Dies symbolisiert, daß Wirklichkeit niemals nur durch ein einziges Gestaltungsprinzip gekennzeichnet sein kann. Selbst wenn Yang vorherrscht, deutet sich Yin an, bis es selbst wieder stärker hervortreten kann. Yin und Yang sind wie Nacht und Tag, Tod und Leben, Nichtsein und Sein, Winter und Sommer, Ebbe und Flut – das eine wird erst durch die Existenz des anderen definiert und erfahrbar.

Laotse schreibt:

„Der Name, der sich nennen läßt,
ist nicht der ewige Name.
‚Nichtsein' nenne ich den Anfang von
Himmel und Erde.
‚Sein' nenne ich die Mutter der Einzelwesen.
Darum führt die Richtung auf das Nichtsein
zum Schauen des wunderbaren
Wesens,
die Richtung auf das Sein
zum Schauen der räumlichen Begrenztheiten.
Beides ist eins dem Ursprung nach
und nur verschieden durch den
Namen."

(Laotse, Tao te king)

Als Bild kann uns auch ein Fenster dienen. Klarheit – also der Blick durch die Hauswand – entsteht durch Leere. Wo das Fenster für Leere in der Hauswand sorgt, entsteht für uns ein Bild. Erst durch die Leere können wir also die Fülle sehen.
Oder betrachten wir unseren Atem. Das Einatmen – und somit das Hereinholen der Energie – wird erst durch das Ausatmen (und umgekehrt ebenso) ermöglicht. Der Mensch, der nicht ausatmet, kann genausowenig existieren wie derjenige, der nur einatmet. Dies sind Selbstverständlichkeiten des Natürlichen, und dennoch übersehen wir sie oftmals. Wir versuchen, Yin und Yang voneinander zu trennen und nur die eine Seite der Wirklichkeit wahrzunehmen. Männer versuchen manchmal krampfhaft, den Yang-Aspekt überzubetonen. Sie versuchen die Seite ihres Selbst herauszukehren, die hart, intolerant und dominant ist. Sie verdrängen ihre Weiblichkeit und haben Angst vor dem Yin-Aspekt ihres Selbst. Demgegenüber sehen sich Frauen immer noch gern in eine Rolle gezwängt, die durch die Dominanz des Yin-Prinzips gekennzeichnet ist. Frauen haben zärtlich, weich und umgänglich zu sein. Als Schreckgespenst werden den Frauen die sogenannten Mannweiber entgegengehalten.
Yin und Yang meint aber die Integration beider Aspekte der menschlichen Persönlichkeit: Weich sein können, aber auch Härte besitzen; Solidarität zeigen, aber auch in der Konkurrenz bestehen können; zurückhaltend sein, aber auch Dominanz zeigen können. Ein ausbalancierter Mensch kann alle diese Eigenschaften auf seine eigene, besondere Weise entfalten, ohne sich nur auf die eine Seite festlegen zu lassen.
So könnte es auch in unserer Bewegungskultur aussehen.
Warum sollte man als Mann nicht auch weiche, sanfte Bewegungen genießen können? Warum sollte eine Frau nicht auch Kraft- oder Kampfsportarten erleben dürfen? Noch immer orientieren sich die Geschlechter in der Tendenz an Sportarten, die als typisch für das Frausein oder das Mannsein gelten. Erst in den letzten beiden Jahrzehnten läßt sich eine Entwicklung hin zu „geschlechtsuntypischen" Sportformen erkennen.
Zwar haben die Chinesen ihre Frauen in einseitige Rollen gezwängt, aber ihre tra-

ditionelle Bewegungskultur haben sie klüger angelegt – auch wenn diese zunächst nur den Männern vorbehalten war. So ist es dort Sitte, daß diejenigen, die eine härtere Kung-Fu-Technik praktizieren, auch gleichzeitig einen weicheren Weg – beispielsweise die sanften Bewegungsformen des Tai Chi Chuan – ausüben. Dieses Denken findet man auch heute bei so manchen Karateka wieder. So antwortete Meister Hirokazu Kanazawa – einer der berühmtesten Kampfsportler, den die Japan-Karate-Assoziation hervorgebracht hat – auf die Frage, warum er sich neben dem Karate auch dem Tai Chi Chuan zugewandt habe:

„In Karate will man Geschwindigkeit, Kraft, Schärfe. In Tai Chi muß man das alles nicht benutzen, aber einen kontinuierlichen Fluß von weichen, entspannten Bewegungen... Du kannst dein Haus nicht richtig betrachten, solange du darin bist; du mußt hinausgehen.

Mit Tai Chi wollte ich mein Karate-Studium ergänzen. Ich wollte mein Äußerstes in Schnelligkeit und Schärfe entwickeln. Nach einem ergänzenden Aspekt zu der kraftvollen Seite von Karate suchend, wandte ich mich der weichen Seite zu, um das Ganze zu vervollständigen."*

Die Voraussetzung für eine derartige Vielfalt in der persönlichen Art und Weise eines jeden, Sport zu betreiben und sich zu bewegen, ist die Loslösung und die Aufgabe von einseitigem Werten und Gewichten. Hierbei sind Barrieren zu überwinden, die durch Schicht- und Geschlechtszugehörigkeit, aber auch durch festgefahrene kulturelle Weltbilder errichtet wurden. Man sollte diese Barrieren auf dem Weg zu einer ausbalancierten Verhaltensweise nicht unterschätzen. Sie reproduzieren sich – auch für die Bewegungskultur – immer wieder, und es bedarf Generationen, um sie weitgehend aufzulösen. So möchte ich zumindest denjenigen, die hierfür ihre Tür bereits einen Spalt geöffnet haben, nahelegen, das Ungewohnte zu probieren. Ich möchte dem Fußballer durchaus empfehlen, Yoga zu betreiben, und demjenigen, der sich gänzlich auf das Tai Chi eingelassen hat, sich auch einer yang-betonteren Bewegungsform, wie beispielsweise dem Hallenhandball oder dem Geräteturnen, zuzuwenden.

Solange ich glaube, nur männlich sein zu können, wenn ich die harten Sportarten betreibe, wird mir die andere Seite meines Wesens verborgen bleiben. Doch wenn es nicht gelingt, im Laufe des Lebens wesentliche Persönlichkeitsanteile zu entdecken und auszuleben, so werden chronische Defizite bleiben, die nicht ohne Folgen sein werden. Ein gesundes Leben in einem ganzheitlichen Sinne wird so nicht möglich sein. Doch hierüber noch mehr im nächsten Kapitel.

Ich möchte nun noch einige Bemerkungen zu einem häufig verbreiteten Irrtum machen. Oftmals wird Yin als Passivität und Yang als Aktivität aufgefaßt. Dies ist allerdings eine Verwestlichung taoistischen Denkens, wie sie nicht angelegt

---

**Interview mit Kanazawa in der Zeitschrift „Karate", 8. Jg. (1983), H. 4, S. 20*

war und die auf einem gravierenden Mißverständnis beruht. Yin und Yang sind zwei verschiedene, sich aber ergänzende Möglichkeiten, etwas zu tun, d.h. aktiv zu sein. So schreibt Fritjof Capra:
„Die Idee der Passivität, des Fehlens jeglichen Handelns, ist (bei den Chinesen) unbekannt. Deshalb steht die häufige westliche Assoziation von Yin und Yang mit passivem und aktivem Verhalten nicht im Einklang mit dem chinesischen Denken. Im Hinblick auf die ursprünglich mit dem Paar archetypischer Pole assoziierten Bilder könnte man Yin wohl als aufnehmende, erhaltende und kooperative Aktivität interpretieren; Yang fände seine Entsprechung in aggressiver, expandierender, wettstreitorientierter Aktivität."*
Welche männliche Arroganz würde dahinter stecken, solche in unserer Gesellschaft als weiblich bezeichnete Sportarten wie rhythmische Sportgymnastik oder Ballett, als passiv hinzustellen. Selbst im Lotossitz pulsiert das Leben. Natürlich ist die Bewegungsqualität des Yoga, des Tai Chi Chuan, des Kum Nye oder des Aikido mehr Yin als die Bewegungen von Fußball, Karate, Handball, Taekwondo oder Eishockey. Dennoch ist das eine nicht weniger aktiv als das andere. So kann es prinzipiell keine passiven und keine aktiven Sport- und Bewegungsformen geben. Die Aktivität hat nur eine verschiedene Qualität, mit unterschiedlichen Auswirkungen auf den Menschen und seine Umwelt.
Versteht man unter dem Tao des Sports den meditativen Weg, den man in Einklang mit seiner inneren und äußeren Natur geht, so werden Einseitigkeiten auf Dauer keinen Bestand haben. Mal wird der Weg an yang-orientierteren Formen des Sports vorbeiführen, mal wird er aus yin-gerichteteren Formen bestehen. Wechselnde Lebenssituationen und sich verändernde Persönlichkeitsstrukturen verlangen nach einer Feinfühligkeit für sich entwickelnde Bewegungsbedürfnisse. Das Tao des Sports ist niemals statisch, sondern Ausdruck einer dynamischen Wechselbeziehung zwischen den Polen Yin und Yang.
Dieser Prozeß gleicht dem Fließen eines Flusses, der so lange in Harmonie ist, wie er nicht gestaut wird. Das Tao des Sports ist das ungehinderte Fließen der eigenen bewegungskulturellen Bedürfnisse zwischen ihren polaren Gestaltungsmöglichkeiten.
Dem freien Lauf des Wassers nachzuspüren gilt das Interesse dieses Buches. Wir werden uns hierbei – neben den Prinzipien des Fließens – auch mit den gebundenen Formen beschäftigen, die den Lauf des Wassers bzw. den freien Bewegungsfluß ermöglichen. Denn auch hier ergänzen sich Yin und Yang: Das Wasser sucht und schafft sich eine feste Form – das Bachbett – in dem es frei und möglichst ungehindert fließen kann. Freiheit und Formgebundenheit sind die beiden sich ergänzenden Aspekte des Ganzen. Mit unserer Bewegung verhält es sich ebenso.

**Fritjof Capra: Wendezeit. Scherz-Verlag, München 1985, S. 34/35.*

Körpererfahrung und ganzheitliche Gesundheit

Oftmals wird so getan, als ob eindeutig feststellbar und meßbar sei, ob jemand nun gesund oder krank ist. Dabei gibt es letztlich keine sachlichen, vorurteilsfreien Kriterien für Gesundheit und Krankheit. Wenn jemand hohes Fieber hat, scheint die Beurteilung einfach zu sein. Er ist krank. Aber wenn sich jemand nur etwas unwohl fühlt, leichte Kopfschmerzen hat, wird es schon schwieriger. Ist er noch gesund oder schon krank?

Oder ein anderes Beispiel: Ein Raucher wird einen anderen Gewohnheitsraucher nicht als krank empfinden. Ein überzeugter Nichtraucher wird das Raucherverhalten möglicherweise als Drogenabhängigkeit, also als krankhaft, interpretieren. Eine Kultur empfindet – um ein weiteres Beispiel zu nennen – ein bestimmtes Sozialverhalten als normal und gesund – wie beispielsweise das Reden mit Toten oder die Kommunikation mit Pflanzen –, in einer anderen Kultur führt das gleiche Verhalten dazu, daß man diejenige Person sozial isoliert und als krank betrachtet.

Diese wenigen Beispiele können verdeutlichen, daß es vom jeweiligen Standpunkt des Betrachters abhängt, ob er einen Zustand, ein Verhalten als krankhaft oder gesund einschätzt.

Bereits seit einiger Zeit weiß man, daß es besser ist, Krankheit nicht nur als etwas Negatives zu betrachten. Natürlich ist die Krankheit, die zu weit fortgeschritten ist, aus der es kein Zurück mehr gibt, etwas Negatives für das Leben eines Menschen. Aber Krankheiten sind in früheren Stadien des Erkrankungsprozesses auch ein wertvolles Signal für den Menschen, auf das er hören sollte. Bewerte ich Krankheit ausschließlich negativ, so will ich sie oftmals so schnell wie möglch wieder loswerden und verdränge dabei die positiven Impulse, die eine Krankheit in sich birgt. Oftmals will mir mein Körper ein Zeichen, einen Hinweis geben, was ich an meinem Verhalten im Leben ändern sollte.

Ein großer Teil besonders der chronischen Erkrankungen, aber auch der Infektionen mit Bakterien und Viren wird durch eine Schwächung des Immunsystems begünstigt. Derjenige, der die Symptome der Erkrankung ängstlich und voreilig zu beseitigen versucht, versäumt die Suche nach den Ursachen der Erkrankung. Welche regelmäßig wiederkehrenden Lebensumstände und -situationen waren es, die sein Immunsystem derart reagieren ließen? Durch welche Verhaltens- oder Situationsänderung lassen sich lebensgeschichtliche Voraussetzungen schaffen, die das Immunsystem stärken, anstatt es zu schwächen?

Derartige Fragestellungen führen bereits tief in eine Wahrnehmungsform hinein, die wir als ganzheitliches Denken bezeichnen. Auch hier waren uns die Chinesen bereits weit voraus. Während unsere westliche Medizin sich erst im Aufbruch zu einem ganzheitlichen Gesundheitsverständnis befindet, war dies in der traditionellen chinesischen Kultur medizinischer Alltag. Die Diagnose des chinesischen Arztes beinhaltete immer auch eine sorgfältige Analyse der Entstehungsbedingungen einer Erkrankung. Hierbei wurden neben den körperlichen Symptomen Ernährungsgewohnheiten, soziale Verhaltensweisen und Persönlichkeitsmerkmale in die Ursachenforschung einbezogen. Aus dieser Diagnose heraus konnte der Arzt auch Verhaltensempfehlungen auf allen diesen Ebenen geben.

Vieles, was sich noch in einem relativ frühen Stadium der Erkrankung befindet, läßt sich über eine Umstellung im persönlichen Lebensstil des Erkrankten erfolgreich beeinflussen. Getreu konfuzianischem Denken* verstanden die Chinesen jedoch grundsätzlich eine Erkrankung als eine ungenügende Anpassung an die Prinzipien des Lebendigen und des sozialen Miteinanders. So wurde Erkrankung auch als fehlendes soziales Angepaßtsein interpretiert und der Gehorsam innerhalb der normativen und sozialen Herrschaftsstrukturen im traditionellen China verordnet. Sicherlich ist hierin eine therapeutische Einseitigkeit zu sehen, die im chinesischen Weltbild begründet war und nicht auf die heutige Zeit übertragen werden sollte. Gerade psychosomatische Erkrankugen können aufgrund von prinzipiellem Anpassungsverhalten gegenüber sozialen Verhältnissen eintreten. Hier wäre der Hinweis auf eine noch größere Anpassung sicherlich fehl am Platz und würde die Krankheit nur verstärken. Dennoch können wir von der chinesischen Medizin Verschiedenes lernen. Von besonderer Bedeutung scheint mir das tiefgreifende Verständnis von Innen und Außen zu sein. Beides ist als eine Einheit, als unterschiedliche Aspekte eines Ganzen zu betrachten. Der Mensch wird als Mikrokosmos im Makrokosmos (Welt) angesehen. Was sich außen strukturell abbildet, wendet sich auch nach innen. Aber auch innere Strukturen finden ihren äußeren Ausdruck und wirken nach außen.

Die Gesundheitsdefinition der Weltgesundheitsorganisation (WHO) deutet diesen Zusammenhang bereits an. Hier wird unter Gesundheit mehr als nur Beschwerdefreiheit verstanden, und zwar auch das Wohlbefinden in einem körperlichen, psychischen und sozialen Sinne. Indem diese Definition den Zusammenhang zwischen subjektivem Wohlbefinden und sozialen Umweltfaktoren sieht, löst sie bereits ansatzweise die lange Zeit in der westlichen Medizin vorherrschende Zweiteilung von Innen und Außen auf.

---

* *Der Konfuzianismus versteht sich als Wahrer der jahrtausendealten chinesischen Tradition und ist neben Taoismus und Buddhismus die einflußreichste philosophische Geisteshaltung.*

In der traditionellen chinesischen Kultur wurde sehr viel Wert darauf gelegt, innere und äußere Natur miteinander in Einklang zu bringen. Eingriffe gegen die Gesetze der Natur („Feng-Schui") waren verpönt. Feng-Schui sei wie der Wind, du kannst ihn nicht greifen; oder wie das Wasser, du kannst es nicht fassen und festhalten. Wer gegen die Gesetze des Natürlichen verstößt, dem werde Unheil zustoßen. Wie wahr werden derartige Aussagen, wenn wir den Zusammenhang zwischen Luftverschmutzung und der Zunahme allergischer Erkrankungen betrachten. Eine ganzheitliche Sichtweise von Gesundheit und Krankheit macht eben nicht an der Tür des Arztzimmers halt, sondern faßt das gesamte Leben ins Auge, wie es sich dem Menschen darbietet.

Daher ist der Zusammenhang zwischen Ökologiezerstörung und Erkrankung immer mitzubedenken. Therapeutische Vorschläge können sich nicht ausschließlich auf Lebensstiländerungen beziehen, wie Ernährungsumstellung, Wassertreten, Heilkräuteranwendung oder Bewegungstherapie, sondern haben auch immer eine gesellschaftspolitische Dimension. Beides ist wichtig: Einen persönlichen Lebensstil entwickeln, der Wohlbefinden zuläßt und fördert; aber es ist ebenso wichtig, sich auch um die äußeren Voraussetzungen zu kümmern, mit denen sich eine derartige Lebensweise in Harmonie befinden sollte.

Diesen ganzheitlichen Zusammenhang müssen wir immer mitbedenken, wenn in diesem Buch Vorschläge für eine gesunde Bewegungsweise unterbreitet werden. Es ist eine Illusion zu glauben, durch Tai Chi, Yoga, Radfahren oder Jogging werde der Mensch gesund, wenn er andererseits im Smog lebt, an seinem Arbeitsplatz unter extremem Leistungsdruck steht oder seine tägliche Portion Radioaktivität zu sich nehmen muß. Es ist zudem unverantwortlich, zu propagieren, daß der Mensch allein über eine andere Art und Weise des Sichbewegens seine Gesundheit in einem ganzheitlichen Sinne sichern könne.

Hier soll auch nicht in das andere Extrem verfallen werden, den äußeren Bedingungen die gesamte Verantwortlichkeit für die Beeinträchtigung der Gesundheit zuzuschieben. Der Mensch selbst hat auch unter seinen gegenwärtigen Lebensbedingungen in den hochindustrialisierten Gesellschaften noch einen Verhaltensspielraum, den es bewußt zu nutzen gilt. Und hierbei spielen Körpererfahrungsgelegenheiten und persönliche Bewegungskultur eine wichtige Rolle. Durch eine bewußtere Gestaltung seines eigenen Lebensstils und insbesondere seines Bewegungsverhaltens kann der einzelne Mensch vieles ausgleichen, was ansonsten an Störungen auf ihn zukommt und zu Erkrankungen führt. Dies heißt nicht, daß er dies verdrängen soll.

Dabei dürfen wir unseren Körper aber nicht als Instrument betrachten, das wir nur entsprechend stimulieren müßten, denn dann wird er sich möglicherweise zur Wehr setzen. Wenn wir das Laufen so mancher Jogger, den Streß des ehrgeizigen Squash-Spielers oder das ge-

Ganzheitliches Gesundheitsverständnis und chronische Erkrankungen

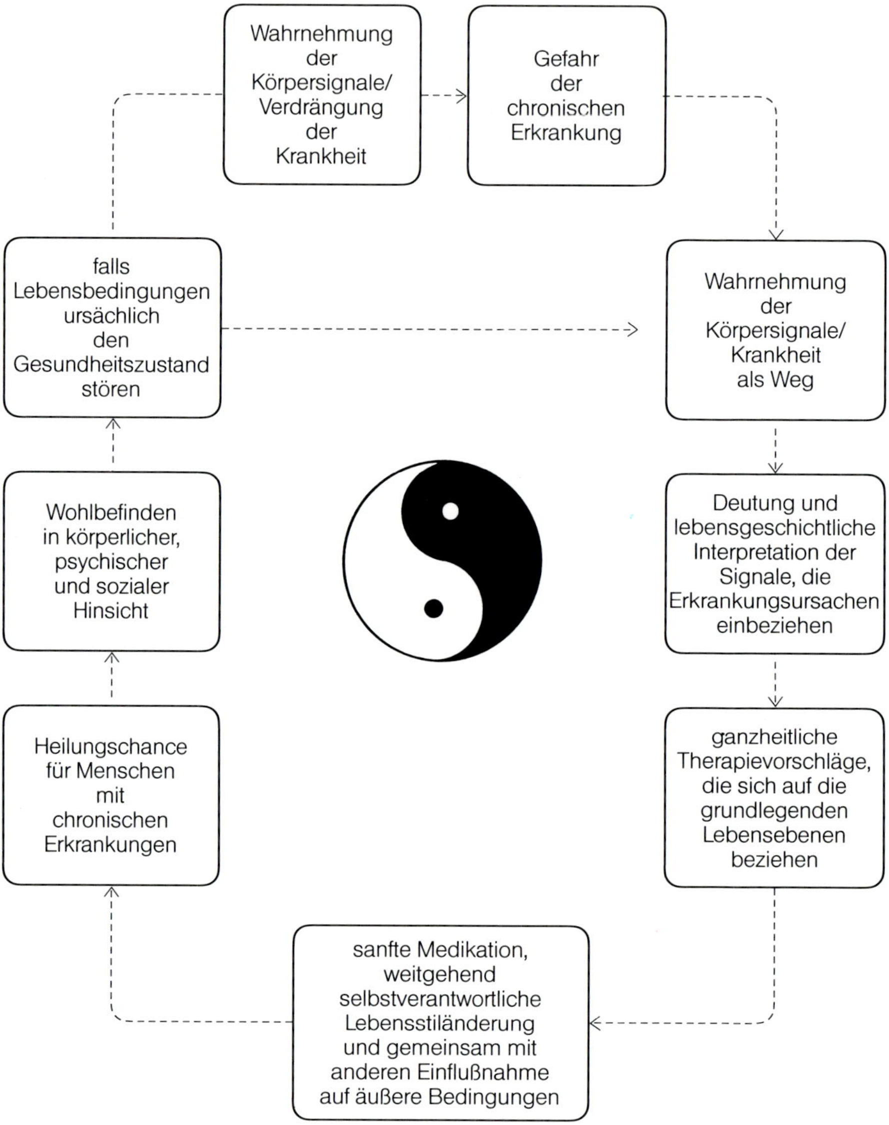

hetzte Gesicht des Trimmers sehen, so sind wir uns ziemlich sicher, daß hier von leibökologischen Prinzipien abgewichen wird. Die Fixierung auf das Körper-Haben verweist auf die Trennung von Körper und Geist, ohne zu erkennen, daß psychische und physische Prozesse miteinander verknüpft und zwei unterschiedliche Sichtweisen eines einzigen Ganzen sind.

Körper-Haben und Körper-Sein sind die beiden Pole, zwischen denen sich die körperbezogene Wahrnehmungs- und Gestaltungsfähigkeit bewegt. Ich bin mein Körper und kann daher auch über ihn verfügen – aber nicht ohne Folgen für mein Selbst. Wenn ich meinen Körper auf Dauer stresse, werde ich auch psychischen Schaden nehmen. Umgekehrt verhält es sich ebenso, psychischer Streß schlägt sich körperlich nieder. Ein Bewegungsverhalten beispielsweise, bei dem sich der Arbeitsstreß in den Freizeitsportbereich hinein fortsetzt, wird sich nicht gesund auswirken können. Bei einem Menschen, der sich nicht nur während seiner Arbeitszeit, sondern auch im Freizeitbereich überfordert, wird ein derart betriebener Sport zum krankheitsfördernden Faktor.

Auch hier bietet das Modell von Ying und Yang eine wertvolle Hilfe in der Erklärung und Interpretation psychosomatischer Erkrankungen. Das vegetative Nervensystem können wir bereits unter dem Aspekt von Yin und Yang betrachten. Yin symbolisiert den Erholungsnerv (Parasympathicus) des vegetativen Nervensystems. Der Erholungsnerv hat die Funktion, für die Entspannung des Menschen zu sorgen. Über Signale an die hormonelle Produktion senkt er nicht nur die Herzfrequenz und den Blutdruck, sondern viele andere Funktionen. Dadurch kommt der Mensch zur Ruhe und kann wieder Energie schöpfen.

Yang symbolisiert den Anspannungsnerv (Sympathicus) und hat die entgegengesetzte Wirkung. Beide vegetativen Funktionen sind der beste Ausdruck für die Polarität von Yin und Yang. Sie haben unterschiedliche Qualitäten und Aufgaben und sind dennoch keine unvereinbaren Gegensätze, sondern sich ergänzende Teile eines Ganzen. Selbst im erhöhten Streßzustand, einer extremen Sympathicus-Aktivierung, wirkt noch immer der Parasympathicus. Er wartet auf seine Chance, aktiver zu werden und den Streßzustand wieder durch einen Zustand tiefer Erholung auszugleichen.

Dieses Modell macht deutlich, daß es nicht nur darum gehen kann, ausschließlich „entspannt im Hier und Jetzt“ zu leben. Permanente Unterspannung ist ebenso krankheitserregend wie ständige Überspannung. Yin und Yang müssen sich auf Dauer in Harmonie befinden, wenn keine Störung des Gesamtsystems eintreten soll. Dies gilt sowohl für das gesamte System unseres Planeten als auch für den Mikrokosmos Mensch.

Ein Mensch, der seine körperlichen Belange vorwiegend unter dem Aspekt des Körper-Habens betrachtet, ist kaum in der Lage, die entsprechenden Körpersignale zu deuten, wenn Yin und Yang aus der Balance geraten sind. Er ärgert sich allenfalls über die fehlende Funktionstüchtigkeit seines Körpers und macht ihm sein fehlendes Angepaßtsein zum Vorwurf. Dementsprechend ändert er seine Verhaltensweisen nicht in die Richtung, die ihm körperlich signalisiert worden ist.

Lebt dieser Mensch nun weiter in einem Zustand ständigen Stresses, ohne auf entsprechende Erholungspausen oder einen ruhigeren Rhythmus zu achten, wird er weitere Signale von seinem Körper empfangen: Kopfschmerzen, Nackenverspannungen, Rückenprobleme, Herzstiche, Magenbeschwerden, Verdauungsprobleme, Bluthochdruck und vieles mehr. Natürlich gibt es hier die Möglichkeit, Medikamente einzunehmen. Bleibt dies allerdings die einzige therapeutische Maßnahme, so verschiebt sie nur die Symptome und zögert vielleicht den Zusammenbruch des Systems, in Form eines Herzinfarkts oder des psychosomatisch bedingten Krebses, nur etwas weiter hinaus.

Das Wesensmerkmal der Erkrankung war ein aus dem Tritt geratener Lebensrhythmus. Daher gilt es, Voraussetzungen für einen Lebensryhthmus zu schaffen, in dem sich Yin und Yang – in diesem Fall Anstrengung und Erholung – in Balance befinden.

Dies hat auch Konsequenzen für das Bewegungsverhalten des einzelnen Menschen. Es bedeutet vor allem, auch die Bezüge des Körper-Seins im Sport stärker wahrzunehmen. Mein Körper, der da rebelliert, das bin ich und nicht irgendein mir zur Verfügung stehendes Objekt. Wenn ich die Signale meines Körpers richtig interpretiere, kann ich hierauf aufbauend ein natürliches Bewegungsverhalten entwickeln.

Jemand, der im Beruf körperlich unterfordert ist, wird auf körperliche Anspannung in der Freizeit Wert legen müssen. Wer in seinem Alltag psychosozial überfordert ist, sollte sich Bewegungsgelegenheiten eröffnen, die entspannend wirken. Wer jedoch eine relativ langweilige Tätigkeit ausübt, wird sich die fehlende psychische Anspannung beispielsweise im Wettkampfsport holen müssen. Welche Form der Freizeitgestaltung für den einzelnen gut ist, hängt also vor allem von seiner sonstigen Belastung ab. Man kann daher auch hier nicht grundsätzlich sagen, „Handballsport ist gesund" oder „Golfspielen ist gesund", sondern die Entscheidung für eine gesunde Bewegungsform kann nur individuell getroffen werden.

Körper-Sein im Sport bedeutet in sich hineinhorchen und spüren, sich körperlich wahrnehmen und dies entsprechend in seiner Bewegung umsetzen. Wenn ich laufe, spüre ich in meinen Körper hinein. Ich laufe mit meinem Atem und nicht gegen ihn. Ich laufe mit meinem Herzen und nicht gegen mein Herz. Ich laufe mit meiner Muskulatur und nicht gegen sie. Innere und äußere Bewegung befinden sich in Einklang. Ich spüre irgendwann, wenn mein Atem, mein Herz oder meine Muskeln mich zur Ruhe drängen. Ich respektiere das Yin-Bedürfnis in mir und unterbreche das Laufen. Ich laufe langsam aus, gehe ein wenig weiter, bleibe nach einiger Zeit an einem ruhigen Ort stehen, genieße meinen Atem und die Landschaft. Erst wenn der Yang-Impuls wieder zum Zuge kommen will, beginne ich nochmals mit dem Laufen.

Yin und Yang drücken sich somit auch in dem Rhythmus von Bewegen und Verweilen aus. Dies setzt allerdings voraus, daß ich bei mir bin, mich in meinen körperlichen Ausdrucksmöglichkeiten ernst nehme und achte. Renne ich in ungehemmtem Ehrgeiz weiter, auch wenn körperlich Ruhe signalisiert ist, so überfordere ich mich in meiner ganzen Person. Ein übertriebenes Yang-Verhalten gründet auf einer Instrumentalisierung des Körpers mit gesundheitsschädlichen Auswirkungen. Der Läufer kommt wieder zu Hause an und ist kaputter als zu Beginn. Die erhoffte Erholung bleibt aus.

Das Hinführen des Menschen zu einer sinnvollen Bewegungspraxis ist somit auch immer Gesundheitserziehung in einem weitgehenden Sinne. Es ist ein Aufmerksamwerden auf den eigenen alltäglichen Lebensrhythmus und die ihn bedingenden Faktoren. Es ist – hierauf aufbauend – eine Suche nach Erlebensformen in der Bewegung, die das Wohlbefinden steigern. Hierbei geht es nicht nur um die Frage, wie ich Verletzungen vermeide, sondern wie ich meinen Bewegungsrhythmus so gestalten kann, daß ich mich umfassend wohl fühle.

Die Verantwortung, ein derartiges Bewußtsein zu bewirken, liegt sicherlich in der institutionalisierten Bewegungserziehung; dennoch können Schul- und Vereinssport nur Anregungen geben. Jeder muß ein gesundes Bewegungsverhalten selbst für sich entdecken und im Alltag realisieren. Hier ist jeder sein eigener Experte, der seine Lebensvoraussetzungen und lebensgeschichtlich gewachsenen Bedürfnisse so gut kennt wie kein anderer. Zwar sollte man den Staat und die entsprechenden Institutionen auch weiterhin für die Förderung und materielle Absicherung des Gesundheitswesens in Anspruch nehmen, doch sollte klar sein, daß erst im Bereich der Selbstverantwortung des einzelnen die Chance gemeinschaftlicher Gesundheitssicherung – soweit dies überhaupt möglich ist – liegt. Und wiederum können wir hier von der Gesundheits- und Bewegungskultur der Chinesen lernen. Sie legten sehr viel Wert auf Gesundheitsvorsorge und Krankheitsvorbeugung. Dementsprechend lag eine wichtige Aufgabe des Arztes in der Gesundheitsaufklärung und -erziehung. Gesunde Ernährungsgewohnheiten und Anleitungen zu Bewegungsübungen machten einen großen Teil dieses Aufklärungsprogrammes aus. Konsequenterweise mußte ein Patient den Arzt nur materiell unterstützen, solange er noch gesund war. Im Krankheitsfall bekam der Arzt kein Honorar mehr. Bei uns ist es umgekehrt...

Besonders beliebt waren im Rahmen derartiger Gesundheitsmaßnahmen Bewegungssysteme mit präventivem (vorbeugendem) Gesundheitswert, die die Vorläufer des heutigen Tai Chi Chuan waren. Auch später nahm das Tai Chi

eine große Bedeutung im Rahmen von Prävention, Therapie und Rehabilitation ein. Über die genaueren Gesundheitswirkungen wird in diesem Buch noch berichtet. Wir möchten den Leser auf ein Übungssystem aus dem Bereich des Tai Chi – die „achtfache elegante Bewegungsreihe" – vorbereiten, das zur Einführung ausgezeichnet geeignet ist. Zur Vorbereitung dieses Einstiegs in das Tai Chi Chuan werden Gelegenheiten zum Üben angeboten, die für jung und alt zur Entfaltung des eigenen Körper-Seins geeignet sind.
Hierbei werden ausschließlich sanfte Körpererfahrungsgelegenheiten vorgestellt, da harte Körpererfahrungssituationen von anderen Sportarten zur Genüge bekannt sind.
Dennoch sind auch diese Übungsangebote nach dem Prinzip von Yin und Yang aufgebaut und können helfen, ein Körperbewußtsein zu entwickeln. Am besten ist es, nach dem Lesen einfach einmal einige dieser vorbereitenden Übungen auszuprobieren. Wir möchten den Leser ausdrücklich zum Experiment einladen und ihn ermuntern, seinen Körper einmal anders – vielleicht langsamer und intensiver – wahrzunehmen.

Gelegenheiten zu sanfter Körpererfahrung – so finde ich den Einstieg

Ich zeichne ein Bild von mir und lerne mich unter einem neuen Blickwinkel kennen

Nimm ein großes Blatt Papier und zeichne den Umriß deines Körpers.

A. Male in diesen Umriß mit kleinen und größeren Kreisen diejenigen Stellen ein, an denen du irgendwann einmal Schmerzen, Krankheit oder Streß empfunden hast oder noch immer wahrnimmst.

B. Kennzeichne nun mit gestrichelten Kreisen diejenigen Stellen deines Körpers, die dir in deinem Leben Vergnügen bereiteten und noch bereiten, bei denen du dich lebendig und gesund fühlst.

C. Versuche nachzuempfinden, welche Teile deines Körpers auf andere Menschen lebendig wirken. Zeichne diese in deiner Skizze in Form einer gestrichelten Aura ein, die sich von der Oberfläche deines Körpers nach außen richtet.

D. Wenn du nun dein Bild fertiggestellt hast, betrachte es eingehend und werte es für dich aus. Du kannst dir hierbei folgende Fragen stellen:
Was habe ich beim Eintragen der Kreise gedacht und gefühlt?
Welche Erinnerungen sind in mir hochgekommen?
Habe ich Erkenntnisse über meine jetzige Lebenssituation entwickelt?
Sind mehr schmerzhafte oder mehr lustvolle Stellen eingezeichnet?
Warum glaube ich, daß gerade die von mir gekennzeichneten Stellen meines Körpers auf andere lebendig wirken?
Warum glaube ich, daß andere Stellen weniger lebendig wirken?

Auf der folgenden Seite findet sich ein Beispiel dafür, wie ein solches Bild aussehen kann.

Vielleicht ist auch jemand bei dir, mit dem du dich über diese Fragen unterhalten kannst. Dies kann ein sehr spannendes Gespräch werden, das ausgehend von deinen körperlich wahrgenommenen Erscheinungen Bedeutsames aus deinem Leben thematisieren kann.

Körpererfahrungszonen

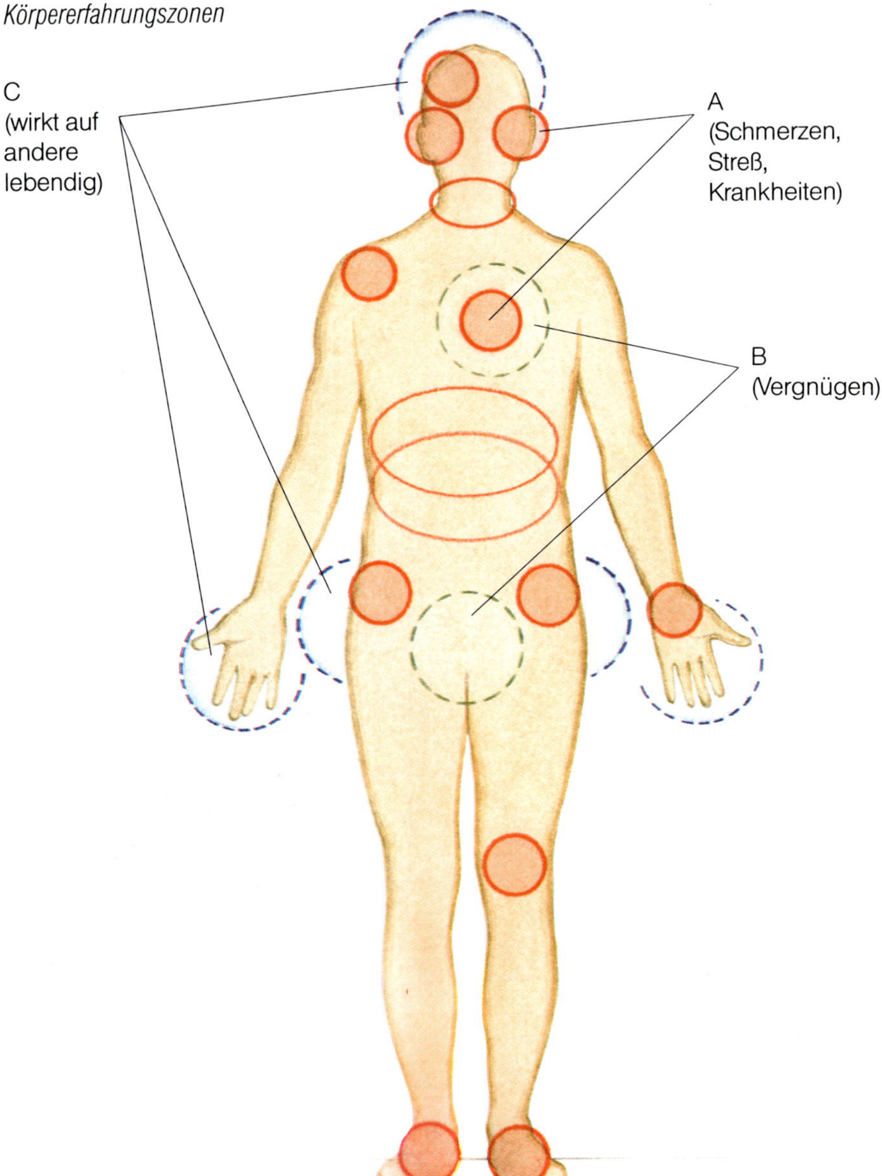

Ich entspanne mich und horche in mich hinein

Strecke dich der Länge nach auf dem Rücken aus. Dehne und recke dich und mache es dir erst einmal richtig bequem. Strecke deine Beine aus und laß die Füße locker zur Seite fallen. Lege die Arme seitwärts neben dem Körper ab. Schließe die Augen und laß sie eine längere Zeit geschlossen (Abb. 1 und 2).
Wandere nun mit deiner inneren Aufmerksamkeit hinunter zu deinen Füßen, spüre, wie sie auf der Unterlage liegen. Lenk nun deine Aufmerksamkeit etwas höher zu deinen Unterschenkeln. Spüre, wie die Unterschenkel auf dem Boden aufliegen.
Mache auf diese Weise eine Reise durch deinen ganzen Körper und mache dir den Kontakt der einzelnen Körperteile zur Bodenfläche bewußt.
Bleib nun einige Minuten in dieser Lage liegen und versuche, ruhig zu werden und dich etwas zu entspannen. Laß deine Gedanken los. Natürlich werden sie jetzt immer wieder kommen wollen. Aber halte sie nicht fest, sondern laß sie wieder an dir vorbeiziehen.
Du beobachtest gelassen deine Gedanken, genauso wie du eine vorbeiziehende Wolke betrachtest. Irgendwann kann es passieren, daß keine Wolken mehr an deinem Gedankenhimmel sind. Du erfährst vielleicht jetzt zum erstenmal seit langer Zeit deine Gedankenstille.
Nach einer ganzen Weile des ruhigen Liegens lenkt man nun seine innere Aufmerksamkeit auf seinen Atem. Atmest du bereits ruhig und gleichmäßig? Dann mach weiter so, laß dich nicht stören. Achte aber darauf, daß dein Ausatmen ungefähr dreimal länger als dein Einatmen ist. Überhaupt: Lenke deine Aufmerksamkeit zunehmend auf dein Ausatmen. Das Einatmen kommt schon von allein. Atme sanft ein, vermeide es, zu pressen und zu überatmen. Sanft einatmen und lang ausatmen.
Stell dir nun bei jedem langen Ausatmen vor, daß dein Körper etwas schwerer werden würde. Er wird so schwer, daß man nach einigen Ausatmungen das Gefühl hat, er sei schwer wie Blei. Man kann dieses Schweregefühl verstärken, indem man bei jedem Ausatmen seine Muskulatur ein wenig mehr entspannt.
Wenn man nun einige Minuten in diesem entspannten Zustand gelegen hat, werden die Hände über der Brust zusammengeführt, bis sich die Fingerspitzen leicht berühren. Die Ellenbogen bleiben auf der Unterlage.

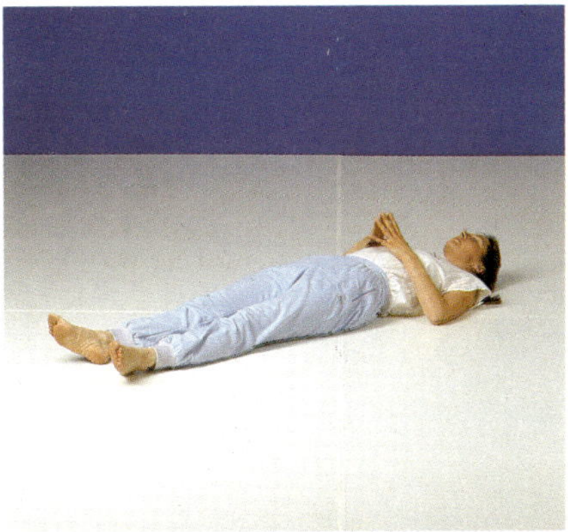

Abb. 1

Nun versuch einmal, in deine Fingerspitzen hineinzuspüren.
Sei ganz in deinen Fingerspitzen.
Man kann – wenn man sehr aufmerksam ist – seinen Herzschlag in den Fingerspitzen spüren.
Bleib dabei.
Vielleicht hast du irgendwann das Gefühl, im ruhigen Rhythmus deines schlagenden Herzens aufzugehen.
Nachdem du nun einige Minuten so mit dir verbracht hast, entferne die Hände wieder langsam voneinander und lege sie neben dir ab.
Atme tief ein und balle die Hände zu Fäusten. Ausatmen und die Fäuste lösen.
Wiederhole dies noch dreimal.
Nun laß ganz allmählich einige Lichtstrahlen in deine Augen hinein.
Öffne langsam die Augen.
Recke und strecke dich noch einmal ordentlich.
Wie geht es dir?

Abb. 2

Ich entdecke die Gefühle beim Atmen

Der chinesische Ausdruck „CHI“ birgt umfangreiches und tiefgehendes Wissen um die Funktionsweise des Lebendigen in sich. „CHI“ bedeutet innere Energie und meint ebenso die Luft, die wir einatmen. Lebensenergie und Atem sind nicht voneinander zu trennen; so entwickelte sich ein einziges Wort für Beides.
Atem heißt Leben. Weicht der Atem, so verläßt uns das Leben. Und dies ist nicht nur in einer Todessituation der Fall. Der Atem kann bereits im Leben beginnen abzusterben. Ein Leben, das gegen das eigene Wesen geführt wird, beginnt den Atem negativ zu prägen. Jeder kennt die Veränderung des Atems in einer unangenehmen Situation. Niedergeschlagenheit führt zu flachem, müdem Atmen. Mehren sich derartige Situationen oder werden sie zum Dauerzustand, so verändert sich der Atem allmählich und verliert seine Lebendigkeit.
Erleben wir hingegen freudige, uns positiv stimmende Situationen, so spüren wir, wie sich unser Brustraum für den Atem öffnet, der Atemraum sich weitet und lebendig wird. Manchmal erleben wir, daß wir tief und fester als sonst einatmen und beinahe seufzend wieder ausatmen. Wir fühlen gleichzeitig eine tiefe Entspannung, als ob sich etwas Aufgestautes gelöst hätte. Wenn man aufgeregt ist, wird der Atem flach und schnell. Manche haben vielleicht auch schon mal in einer Phase extremer Arbeitsbelastung das Gefühl erlebt,

nicht genug Luft zu bekommen. Sie atmen mehrere Male pressend ein, um sich Erleichterung zu verschaffen.
So ist das Atmen von allerlei Gefühlen begleitet, die Ausdruck dessen sind, was lebensgeschichtlich gewachsen ist und was wir in Verbindung hiermit im Moment erleben. Bewußtes Atmen kann vieles an den Tag bringen, was längst vergessen war, aber immer noch bedrückt. Daher wird mit dem Atem auch therapeutisch gearbeitet, um Verschüttetes einer Bearbeitung zugänglich zu machen.
Unsere hier beschriebenen Wege, sich im Atem zu erfahren, sollen als Körpererfahrung verstanden werden und nicht den Schritt weiter gehen zu einer systematisch eingesetzten Atemtherapie. Hier können nur einige Anregungen gegeben werden. Wenn der Atem allerdings schwerwiegendere Probleme hervorbringt, sollte man sich tatsächlich einer atemtherapeutischen Behandlung unterziehen. Hier kann durch die Verknüpfung von Lebensgeschichte, Lebensbedingungen und über den Atem zum Vorschein gebrachtem Empfinden eine Diagnose vorgenommen werden und eine therapeutische Bearbeitung des Problems erfolgen.
Oftmals genügen aber schon ein paar deutliche Impulse und Übungsanregungen, um ein bewußteres Atmen und den einhergehenden lebensenergetischen Zuwachs zuzulassen. Bevor hier nun Anregungen in diesem Sinne gegeben werden, sollten vorab noch einige Anmerkungen zur Intensität des Atmens gemacht werden.
Das „Rebirthing" benutzt die Technik des Überatmens, um atemtherapeutische Erfolge zu erzielen. Durch „Rebirthing" werden zum Teil sehr dramatische Erfahrungen hervorgeholt und ausgelebt. Alle hier vorgestellten Übungen arbeiten mit einem sanften Atem. Wir atmen nicht fester als sonst ein, hecheln und pressen nicht, sondern lassen den Atem weich in uns einströmen. Wir lassen ihn zu. Die Verengung und Erweiterung der beatmeten Körperinnenräume geschieht wie von selbst. Und dennoch können wir über die Verlagerung unserer binnenkörperlichen Aufmerksamkeit unseren gelösten Atemstrom lenken.
Indem wir unsere innere Aufmerksamkeit zu bestimmten Stellen unseres Körpers führen und uns vorstellen, unser Atem fließe ebenfalls dorthin, können wir diese Regionen mit unserem Atem beleben. Diese Form der Körpererfahrung ist es, die hier angestrebt werden soll. Wir entdecken über die Aufmerksamkeits- und Atemlenkung Räume und Zonen, die vielleicht schon in Vergessenheit geraten waren. Auch wenn wir hierbei sanft atmen, werden wir vielleicht zumindest die Andeutung von Gefühlen erleben, denen ein nachfolgendes sensibel geführtes Gespräch guttut. Hier sollte man sich einen geeigneten Gesprächspartner suchen, mit dem man über das Erlebte und Gefühlte reden kann.
Besser noch: Suche dir gleich einen Partner, mit dem du die hier vorgeschlagenen Übungen in einer ruhigen Atmosphäre einmal ausprobierst. Die ersten drei Übungen beziehen sich auf die Entdeckung und Erforschung der direkt

beatembaren Räume. Der ganze Körper – von der Fußsohle bis zum Scheitel – kann mit deiner Aufmerksamkeit bedacht werden. Darum soll es aber bei diesen drei Übungen nicht gehen. Wir möchten dir eine Erfahrung mit den Räumen ermöglichen, die unmittelbar durch das Heben und Senken der Lungenflügel beatembar sind. Dies wird nicht immer eine selbstverständliche Erfahrung sein, da sehr häufig vorwiegend der mittlere Lungenbereich beatmet wird, was zu einem erheblichen lebensenergetischen Verlust führt.
Lies die Übungsbeschreibung erst einmal durch und probier sie dann einzeln aus. Nimm dir hierzu genügend Zeit. Es geht nicht darum, etwas abzuhaken, sondern um bedeutsame Erfahrung, die Geduld und Zeit braucht.

Erfahre deinen unteren Atemraum

Abb. 3

Abb. 4

Du kannst hierbei auf einem Stuhl sitzen. Bitte öffne aber deinen Gürtel und den oberen Hosenknopf, so daß dein Bauch Platz bekommt. Verändere deine Haltung zunächst nicht und spüre, wie du im Moment sitzt und wie du dabei atmest. Nun laß die Wirbelsäule rund werden und kippe das Becken entsprechend ab. Atme hierbei aus (Abb. 3). Mit dem Einatmen richte dich wieder auf, indem du das Becken aktiv aufrichtest und den Rücken wieder gerade werden läßt. Führe diese Bewegung weiter fort, bis du in das Hohlkreuz kommst (Abb. 4). Diese Übung wiederholst du nun einige Male. Sei dabei sehr aufmerksam für deinen Atem. Du wirst spüren, wie du beginnst, tief in deinen Bauch hinein zu atmen. Diese Übung läßt dir die Bauchatmung bewußt werden.
Hast du schon einmal so tief geatmet?

Erfahre deinen mittleren Atemraum

Nun lege deine Hände links und rechts an den Rumpf.
Du beginnst nun, die Hände an deiner Flanke reibend hoch und runter zu bewegen (Abb. 5). Mach dies einige Atemzüge lang, und du wirst spüren, wie eine intensive Flankenatmung einsetzt.

Abb. 5

Erfahre deinen oberen Atemraum

Setze dich aufrecht hin und hebe die Arme. Strecke mit dem Einatmen die Hände seitwärts nach oben. Achte hierbei darauf, daß du die Schultern nicht mit nach oben ziehst, sondern sie möglichst unten läßt (Abb. 6). Lasse in der letzten Phase dieser Streckbewegung den Kopf sanft nach hinten sinken.

Abb. 6

Nun winkele mit dem Ausatmen die Arme wieder an und laß die Hände ebenfalls locker. Auch dein Kopf kehrt mit dem Ausatmen in die Ausgangslage zurück (Abb. 7). Mit dem Einatmen hebst

Abb. 7

du wieder die Arme, streckst die Hände seitwärts nach oben, läßt den Kopf nach hinten sinken und so fort. Du wirst sehr schnell merken, daß dein Atem in den oberen Brustbereich bis hoch in den Halsbereich hineinströmt. Der obere Atemraum wird beatmet. Führe diese Bewegung einige Atemzüge lang durch, aber vermeide, zu stark einzuatmen. Laß den Atem einfach sanft in den oberen Atemraum hineinfließen.

Im weiteren Verlauf unserer kleinen Atempraxis möchten wir noch ein paar Übungen anbieten, die besonderen Wert auf die zum Ausdruck kommenden Gefühle legen.

Stelle dich bitte ganz natürlich hin und beobachte zunächst, wie du in stehender Haltung atmest. Hast du dir hiervon einen Eindruck verschafft, so beginne nun, langsam den Brustraum zu verschließen. Du läßt hierbei den Kopf sinken, führst die Schultern nach vorn und etwas zusammen und machst einen Rundrücken (Abb. 8). Verweile einige Atemzüge in dieser Stellung und mache dir bewußt, wie sich dein Atem anfühlt. Du wirst hierbei vermutlich ein Gefühl des Eingeschlossenseins, ein unbehagliches Gefühl der Beklemmung entwickeln. Beginne nun allmählich, Zentimeter für Zentimeter den Brustraum wieder zu öffnen (Abb. 9). Sei ganz aufmerksam für die sich hierbei verändernde Atemqualität. Verweile, wenn diese Öffnungsbewegung abgeschlossen ist, in einer aufrechten und geöffneten Haltung und spüre auch hier deinen Gefühlen nach (Abb. 10). Na, ist dies ein Unterschied?

Bedenke, was du dir antust, wenn du dich auf eine eingesunkene, krumme Haltung einläßt. Auch wenn du dich niemals so extrem zusammenkrümmst und zusammenziehst, wird auch die Andeutung dieser Haltung langfristig seine die Lebendigkeit abtötende Wirkung zeigen.

Abb. 8

Abb. 9

Abb. 10

Stell dich nun wieder ganz natürlich hin und fühle die Qualität deines Atmens. Nach einiger Zeit des Nachspürens können wir dir nun eine neue Übung anbieten. Ziehe die Schultern soweit wie möglich hoch. Atme hierbei ein (Abb. 11). Nun laß mit dem kräftigen Ausatmen die Schultern und Arme abrupt fallen. Wiederhole diese Übung ein paarmal.

Vielleicht spürst du beim Heraufziehen der Schultern ein Gefühl der Beklemmung, vielleicht sogar des Stresses. Beim Loslassen der Schultern stellt sich bei vielen Menschen ein Gefühl der Erleichterung ein. Wenn die Übung beendet ist, laß die Schultern locker hängen, ohne wiederum im Brustraum zuzumachen (Abb. 12). Hochgezogene Schultern fixieren den Atem auf den oberen Atemraum. Schultern, die man gelassen hält, erleichtern die Beatmung aller zur Verfügung stehenden Atemräume.

Abb. 11

Abb. 12

Vielleicht ergibt sich einmal die Gelegenheit, in einer Gruppe eine Atemerfahrung zu machen. Hierfür möchten wir ebenfalls eine Anregung geben.

Stellt euch bitte in den Kreis und faßt euch an den Händen. Schließt nun die

Abb. 13

Abb. 14

Augen. Ihr beginnt, den Kopf sinken zu lassen, beugt auch die weitere Wirbelsäule, bis euer Oberkörper nach unten hängt. Nun knickt ihr in den Knien ein und kommt in die Hocke. Der Bauch liegt auf den Oberschenkeln auf (Abb. 13). Ihr könnt dort eure Bauchatmung fühlen. Ihr spürt, wie sich im langsamen und regelmäßigen Rhythmus der untere Atemraum hebt und senkt.

Nach einigen Atemzügen beginnt die Umkehrbewegung. Ihr stellt euch vor, die Blütenblätter einer Blume zu sein, die sich frühmorgens mit dem einfallenden Tageslicht langsam öffnet. Ihr streckt allmählich die Beine, richtet den Oberkörper Wirbel für Wirbel auf und hebt die gefaßten Hände hoch (Abb. 14). Ihr laßt in der letzten Phase der Bewegung den Kopf etwas nach hinten sinken und haltet die Hände seitlich hoch. Die Blüte hat sich geöffnet.

Könnt ihr nachempfinden, welche Lebendigkeit eine geöffnete Blüte besitzt? Spürt ihr, wie sich euer Atem aktiviert und euch mit Lebensenergie auffüllt? Verweilt einige Atemzüge in dieser Stellung und kehrt nun die Bewegung wieder um. Die Blüte beginnt, sich wieder zu schließen. Diesen Vorgang könnt ihr nun so lange wiederholen, bis ihr genügend Energie getankt habt.

Ich bin ganz bei meinen Füßen

Wir beziehen unsere Aufmerksamkeit vor allem auf unsere oberen Körperregionen. Die Beine und vor allem die Füße geraten dabei mehr und mehr außerhalb unseres Körperbewußtseins, und dennoch baut sich alles auf unseren Füßen auf. Bei vorhandenen Fußschwächen oder gar -schäden ist die gesamte Körperhaltung gestört und gefährdet. So manche Rückgratbeschwerden resultieren – vermittelt über eine veränderte Beckenstellung und Kniehaltung – aus der physiologischen Fehlbelastung der Füße.

Druckpunkte beim gesunden Fuß

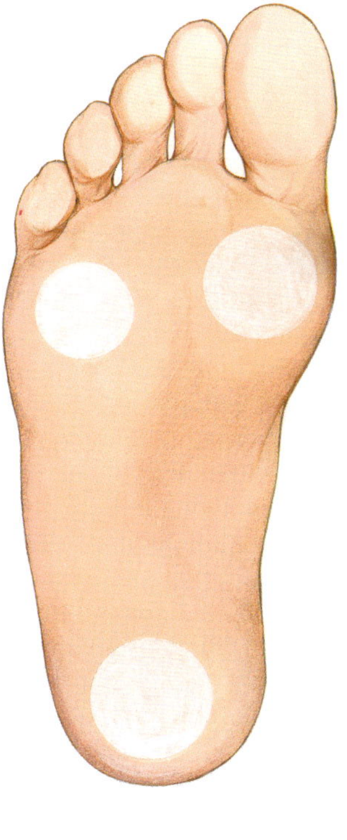

Die Füße haben auch die Funktion, die Schwerkraftwirkung auszubalancieren. Wo sie dies aufgrund ihrer Deformierung nicht mehr leisten können, greift die Wirkung der Schwerkraft im Laufe der Jahre schädigend und schwächend in die Architektur unseres Körpers ein. Doch wie einer mit beiden Beinen im Leben steht, verweist nicht nur auf äußere Erscheinungen, sondern auch auf innere Merkmale und Prozesse.

Es gibt eine ganze Reihe Redewendungen, die deutlich machen, daß der Fuß nicht nur eine physiologisch wertvolle Funktion besitzt, sondern darüber hinaus auch eine psychosomatische Deutung zuläßt:

„Keinen festen Boden unter den Füßen haben“

„Den Boden unter den Füßen verlieren“

„Das Gefühl haben, als ob einem der Boden unter den Füßen fortgezogen würde“

„Über dem Boden der Tatsachen schweben“.

Ein Mensch, der seinen Boden unter den Füßen verliert, ist entwurzelt, hat nicht mehr Kontakt zu der Wirklichkeit, die ihn hervorgebracht hat und der er ständig bedarf. So jemanden müßte man eigentlich wieder „auf die Füße stellen“ und „auf die Beine helfen“.

Wir möchten nun zum Thema des Verwurzelt- und Geerdetseins eine kleine Übung anbieten, die man zu Hause für sich oder auch in einer Gruppe durchführen kann.
Steh bitte auf und stell dich ganz natürlich hin. Schließe die Augen. Jetzt spüre hinunter in deine Füße und versuche nachzuempfinden, wie sich dein Gewicht auf den Füßen verteilt. Ist es weiter vorn oder weiter hinten? Mehr an den äußeren oder an den inneren Fußkanten?
Nun öffne wieder die Augen und schaue zu deinen Füßen hinunter. Stelle sie so, daß sie in Schulterbreite zueinander parallel stehen. Sinke ein wenig in den Knien ein, so daß die Beine nicht mehr durchgedrückt sind. Schließe wieder die Augen. Wir wollen nun an der Erdung arbeiten.
Wende zunächst deine Aufmerksamkeit dem Atem zu. Stell dir vor, du atmest Energie aus dem Boden, durch die Fußsohlen, in die Füße, Beine, den ganzen Körper hinein. Du lenkst beim Ausatmen in deiner Vorstellung den Atemstrom wieder in den Boden. Also: Aus dem Boden heraus einatmen, in den Boden hinein ausatmen. Mach dies eine ganze Zeitlang, ohne hierbei heftig zu atmen. Laß den Atem weich in dich hineinströmen und atme lang aus.
Nach einiger Zeit nehmen wir nun ein weiteres Bild hinzu. Du stellst dir vor, daß du mit jedem Einatmen etwas Energie aus dem Boden durch die Füße hindurch beziehst. Du nimmst diese Energie mit dem weiteren Einatmen in den Körper auf. Mit dem Ausatmen stellst du dir ganz intensiv vor, daß kleine, zunächst noch ganz zarte Wurzeln aus deinen Fußsohlen in die Erde dringen. Mit jedem weiteren Ausatmen gehen diese Wurzeln tiefer in die Erde hinein. Erst sind sie 1 cm, dann 10 cm und bald über einem Meter tief in der Erde. Sie dringen immer tiefer mit jedem Ausatmen in die Erde hinein und gewinnen an Stärke. Sie sind es nun auch, die dir bei jedem Einatmen die Energie bringen.
Stell dir vor, du wärest ein Baum, der tief verwurzelt in der Erde steht. Deine Wurzeln bringen dir mit jedem Einatmen die Energie, die du zum Wachsen und Gedeihen brauchst. Laß dich mehrere Minuten auf diesen geerdeten Zustand ein. Dann beginne allmählich, mit jedem Einatmen deine Wurzeln wieder einzuziehen. Bleibe noch eine Weile mit geschlossenen Augen stehen, öffne dann die Augen und gehe durch den Raum. Wie fühlst du dich? Wie nimmst du die Welt um dich herum wahr? Wie fühlst du dich in der Welt?
Geh nun weiter durch den Raum und sei sehr aufmerksam für alles, was mit deinen Füßen passiert. Versuche bei deinen Füßen und dennoch bei allem zu sein, was um dich herum vor sich geht. Spüre deine Füße und nimm dennoch Helligkeit, Schatten, Geräusche, Farben oder den Luftzug beim Gehen wahr. Nach einiger Zeit verlangsame deine Bewegung, bis du in eine Art Zeitlupentempo kommst. Verlagere hierbei dein Gewicht nach unten, indem du in den Knien beim Gehen etwas einsinkst (Abb. 15). Sei nun ganz bei deiner Fuß-

sohle. Spüre, wie sie auf der Ferse aufsetzt und langsam mit der allmählichen Gewichtsverlagerung nach vorn abrollt. Fühle den sanften Abdruck der Zehen, der zum nächsten Schritt dieses Fußes überleitet. Stell dir vor, du gehst über dünnes Eis. Du mußt sehr, sehr langsam und behutsam die Füße aufsetzen und abdrücken, sonst bricht das Eis. Eine hilfreiche Vorstellung.
Gib dich dieser Vorstellung einige Minuten ganz hin, und du kannst bereits eine Qualität des Sichfortbewegens erleben, wie sie den Bewegungen des Tai Chi eigen ist. Diese Qualität kommt aber erst dann zustande, wenn du deine Aufmerksamkeit bei den Füßen hast. Hiervon ausgehend können sich deine Körperhaltung und deine Bewegung harmonisch aufbauen. Ein Mensch, der mit seiner Aufmerksamkeit vorwiegend in seinem oberen Körperbereich ist, kann diese Bewegungsqualität niemals erreichen.

Abb. 15

Die Füße unter einem weiteren Gesichtspunkt betrachtet: Zahlreiche traditionelle Kulturen wußten von der Bedeutung der an der Fußunterseite befindlichen Reflexzonen.
Jedes Organ hat eine entsprechende Stelle unterhalb des Fußes – übrigens auch in der Handinnenfläche und im Ohr –, der es zugeordnet ist. So wissen wir inzwischen auch, daß zahlreiche Lymphbahnen und Meridiane ihre Endpunkte unterhalb des Fußes haben.
Setz dich einmal auf den Boden hin, ziehe einen Strumpf aus, nimm einen Fuß in die Hand und drücke die Fußsohle an verschiedenen Stellen mit dem Daumen oder dem Zeigefinger ein (Abb. 16). Untersuche auf diese Weise die gesamte Fußsohle, wandere mit dem Finger auch in die Zwischenräume der Fußzehen und die Fußzehen selbst entlang.

Abb. 16

Fußreflexzonen

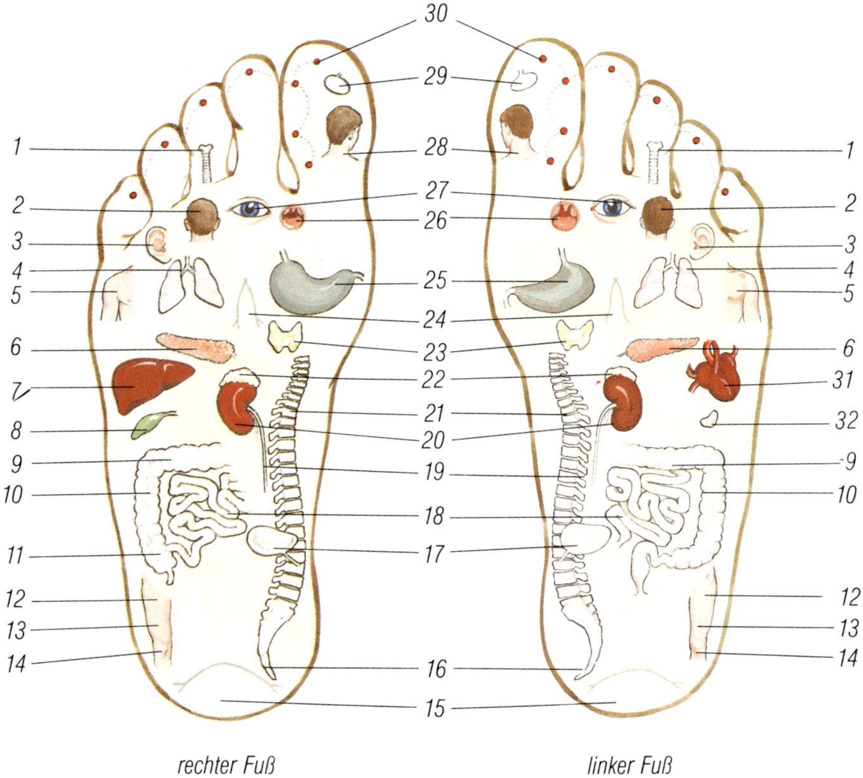

1 Luftröhre; 2 Hinterkopf; 3 Ohr; 4 Lunge; 5 Schulter- und Armgelenk; 6 Bauchspeicheldrüse; 7 Leber; 8 Gallenblase; 9 quer verlaufender Dickdarm; 10 aufsteigender Dickdarm; 11 Blinddarm; 12 Hüftgelenk; 13 Oberschenkel; 14 Knie; 15 Ischiasnerv; 16 Steißbein; 17 Harnblase; 18 Dünndarm; 19 Harnröhren; 20 Niere; 21 Wirbelsäule; 22 Nebennierendrüsen; 23 Schilddrüsen; 24 Solar Plexus; 25 Magen; 26 Kehle und Mandeln; 27 Augen; 28 Hals; 29 Hypophyse; 30 Stirnhöhle; 31 Herz; 32 Milz.

Die Fußreflexzonentherapie geht davon aus, daß im Falle der Erkrankung eines inneren Organs der entsprechende Punkt der Fußsohle schmerzt, wenn man ihn mit den Fingern oder den Knöcheln drückt. Falls du einen solchen Punkt auf deiner Erkundung entdeckst, so schau einmal in dem Schaubild nach, welchem inneren Organ er zugeordnet ist. Vielleicht kannst du hierdurch einen wertvollen Hinweis erhalten.
In der Reflexzonenmassage wird die Fußsohle durch regelmäßig erfolgendes, gezieltes Drücken, Reiben und Kneten der entsprechenden Stelle mit der Absicht stimuliert, heilend auf die inneren Organe einzuwirken. Dies sollte man nicht ohne fachkundige Anleitung tun.
Aber eins kannst du ohne Gefahr an dir selbst ausprobieren:
Knete mit dem Daumen die Fußsohle durch oder nimm einen runden Stab und rolle ihn mit wohltuendem Druck auf der Fußsohle hin und her (Abb. 17).

Abb. 17

Eine andere Möglichkeit bietet ein Tennisball, auf dem du stehend die Fußsohle hin und her bewegst. Gib hier auch so viel Druck deines Körpergewichts auf den Ball, daß hierdurch eine angenehme Empfindung entsteht (Abb. 18).

Abb. 18

Alle diese Möglichkeiten wirken sich belebend und erfrischend aus. Sie stärken deine Vitalität und dein Lebensgefühl. Nicht von ungefähr ist es so angenehm, barfuß auf Gras, im Sand oder auf kleinen Kieselsteinen zu gehen oder zu laufen. All dies stellt eine natürliche Fußreflexzonenmassage dar, die wir angesichts unserer barfuß unbegehbaren Flächen und der fest eingeschnürten Füße dringend benötigen.

Ich bin ganz bei meinen Händen

„Er versteckte seine Hände hinter dem Rücken", „sie konnte mit ihren Händen nichts anfangen", „seine Finger trommelten nervös auf der Tischplatte": Derartige Beschreibungen verweisen auf die psychosomatische Bedeutung unserer Hände. Sie sind oftmals ehrlichere Ausdrucksmittel als die verbale Sprache. Entspannungs- und Anspannungszustände drücken sich sehr klar über unsere Hände aus. Das Gefühl der Zuneigung und Liebe läßt unsere Hände weich und geöffnet werden – gerade recht zum zärtlichen Streicheln. Das Gefühl der Abneigung und des Zorns jedoch führt dazu, daß sich unsere Hände anspannen, ja sogar zur Faust verschließen – gerade recht zum Verteidigen oder Angreifen.
Auch hier lagert sich lebensgeschichtlich Erfahrenes in unsere Hände ein und verbindet sich mit aktuellen Situationen. Nicht ausgelebte Emotionen, lange andauernde Anspannungszustände und extreme Lebenssituationen zeigen sich oftmals im Krampfen und Zucken der Hände im Rahmen von Entspannungsübungen. Vielen Menschen bereitet es Schwierigkeiten, ihre Hände während einer einfachen Entspannungsübung im Liegen zu lockern und zu lösen.
Schon immer war die sensomotorische Tätigkeit der Hände – das Greifen – mit der intellektuellen und emotionalen Seite dieser Tätigkeit – das Begreifen und Fühlen – verbunden. Auch in den nun folgenden Übungsanregungen mit den Händen möchten wir dich bitten, diese Chance wahrzunehmen.
Begreife dich über deine Hände. Über die Spannungszustände der Hände und die hierdurch ausgelösten Gefühle kannst du eine Menge über dich erfahren. Diese Informationen könnten eine wertvolle Hilfe und Ergänzung zu den sonstigen Selbstreflexionen sein.
Doch abgesehen von dieser persönlichkeitsbildenden Wirkungsweise der Handerfahrung können die hier angebotenen Übungen einfach Freude und Wohlbefinden bereiten. Wie wir bereits erwähnt haben, finden sich auch in der Hand Reflexzonen, deren Stimulierung über Drücken, Reiben und Ziehen belebend und erfrischend wirken kann.
Die hier angebotenen Massageübungen stammen vorwiegend aus dem fernöstlichen Kulturraum und sind eine von uns als sehr angenehm empfundene Mischung aus chinesischen (Akupressur), japanischen (Shiatsu) und tibetanischen (Kum Nye) Massageelementen, die wir zu einer eigenständigen Handmassage zusammengefügt haben. Dies ist durchaus möglich und sinnvoll, da in diesen Massagewegen nach den gleichen Prinzipien und auf ähnlicher Erkenntnisgrundlage gearbeitet wird. Versuche die Stimmigkeit des Konzepts für dich selbst auszuprobieren. Die ersten 11 Übungen kann jeder für sich allein durchführen. Die weiteren Übungsanregungen beziehen sich auf Partner- oder Gruppenarbeit.

1. Übungsschritt: Die Hände ausschütteln

Schüttele zum Beginn der Übungen zunächst einmal die Spannungen aus den Händen. Du kannst dies sehr gut bewirken, indem du die Arme anwinkelst und schnell wieder nach unten von dir wegstreckst (Abb. 19).

Abb. 19

Die Hände werden locker gehalten und durch den Ruck der abwärts gerichteten Streckung durchgeschüttelt (Abb. 20). Atme hierbei gleichmäßig weiter, vermeide es, zu überatmen, auch wenn der Atem etwas intensiver werden wird.

Abb. 20

Führe diese Übung so lange durch, bis du das Gefühl hast, daß sich die Spannung aus den Händen löst.

2. Übungsschritt: Die Hände mit Energie aufladen

Diese Übung stammt aus dem tibetanischen „Kum Nye".
Setze dich aufrecht hin und überkreuze die Beine. Es reicht, wenn du die Haltung eines lockeren Schneidersitzes einnimmst. Der Lotossitz ist nicht notwendig. Hebe die Unterarme an und halte die Hände seitlich von dir auf Herzhöhe. Die Hände sind leicht geöffnet und ein wenig hohl, als wenn sie ein Gefäß wären, das Energie aufnehmen könnte (Abb. 21). Konzentriere dich ganz auf die Hände. Laß die Luft gleichzeitig weich durch Mund und Nase einströmen.
Stell dir vor, daß deine Hände Energie aufnehmen und zu dir in deine Mitte leiten. Mit jedem Einatmen beziehst du durch deine Hände Energie, die du weiter in die Arme und den Herzbereich bis hinunter zum Zentrum im Unterbauch leitest. So lädst du dich über die Hände mit Energie auf. Die Ausatmung erfolgt auf dem gleichen Weg zurück, und du atmest durch deine Hände aus. Vielleicht kannst du auch ein Warmwerden und ein Kribbeln in den Händen spüren. Nimm es genießerisch in deine Körperwahrnehmung auf. Laß die Schultern locker, ohne einzusinken. Belasse nur ein Minimum an Anspannung in den Schultern und Armen, so daß du sehr lange in dieser Haltung verweilen kannst. Nun nimm deine beiden Hände vor den Körper und reibe wechselseitig die Handrücken mit jeweils der Innenseite der anderen Hand. Du kannst dies recht kräftig und im schnellen Rhythmus tun. Anschließend reibst du die Handinnenflächen genauso heftig aneinander hin und her, bis sie sich ganz warm anfühlen.

Abb. 21

Nun kehrst du wieder in die vorherige Haltung zurück. Du winkelst die Arme seitwärts an und hältst die Hände in der Höhe des Herzens leicht geöffnet nach oben. Verweile in dieser Haltung noch einige Minuten und spüre deinen Empfindungen nach.

3. Übungsschritt: Die Hände waschen

Falls Pflanzenöl oder ein gutes Massageöl zur Hand ist, öle deine Hände ein wenig ein. Nun reibst du die Hände, indem du sie sich ständig ineinander wringend bewegst (Abb. 22). Es ist die Bewegung, wie du sie manchmal beim Händewaschen oder eben beim Einölen anwendest. Auf diese Weise erteilst du deinen Händen eine sehr wirksame Massage, die sich sowohl auf die Vorder- und die Rückseiten, als auch auf die Handgelenke beziehen kann.

Abb. 22

4. Übungsschritt: Die Hände falten und dehnen

Falte die Hände vor der Brust und wende sie mit den Handtellern nach außen. Nun drücke sie mit einer Streckung der Arme von dir weg (Abb. 23). Ist die Streckung der Arme beendet, so verstärke den Druck deiner gefalteten Hände nach außen. Laß die Hände wieder weich werden und winkele die Arme etwas an. Wechsele nun in dieser Stellung den Anspannungs- und Entspannungszustand der Hände durch Wegdrücken und Zurücknehmen der Hände und Arme rhythmisch ab. Der Wechsel des Spannungszustandes wird durch den Atemrhythmus bestimmt. Beim Anspannen und Wegdrücken der Hände atmest du ein, beim Entspannen und Zurücknehmen atmest du langsam aus.
Diese Übung wird übrigens in etwas veränderter Form auch als atemtherapeutische Übung („Chi Kung") eingesetzt.

Abb. 23

Wenn du diese Übung einige Male durchgeführt hast, wirst du merken, wie sich die Handinnenseiten wunderbar dehnen und daß auch die mit dem Drükken der Finger einhergehende Massage zwischen den Fingern wohltut. Führe diese Übung so lange aus, wie sie dir angenehm ist.

5. Übungsschritt: Die Hände auseinanderziehen

Falte die Hände vor der Brust so, daß die Handinnenflächen zu dir zeigen. Ziehe anschließend die Hände auseinander und drücke gleichzeitig die Finger zusammen (Abb. 24). Auf diese Weise erhalten die Finger in ihrer ganzen Länge eine Massage, bis die Hände sich gelöst haben.
Wiederhole diese Übung einige Male.

Abb. 24

6. Übungsschritt: Die Finger auseinanderziehen

Verhake die kleinen Finger ineinander, ziehe kräftig, bis sie auseinandergleiten (Abb. 25). Führe dies mit allen Fingern ein paarmal durch.

Abb. 25

7. Übungsschritt: Die Handwurzelknochen massieren

Nimm dein Handgelenk zwischen Daumen und Finger und reibe mit dem Daumen und dem Zeigefinger in einer kleinen kreisend-drückenden Bewegung die Handwurzelknochen dieser Hand (Abb. 26). Wähle die Druckstärke so, daß ein angenehmes Gefühl entsteht.

Abb. 26

8. Übungsschritt: Berg und Tal massieren

Wende diejenige Hand, die du zuerst massieren möchtest, mit dem Handrükken nach oben. Wir können den Handrücken nach Bergen und Tälern einteilen. Zunächst massieren wir die Bergzüge – die Mittelfingerknochen und die dazugehörigen Finger. Wir fassen mit dem Daumen (oben) und dem Zeigefinger (unten) den Ansatz der Mittelfingerknochen oberhalb des Handgelenkes und ziehen Daumen und Zeigefinger drückend nach vorn, hin zu den Fingerspitzen (Abb. 27).

Wenn wir vorn an der Fingerspitze des jeweiligen Fingers angekommen sind, pressen wir den Daumen und den Zeigefinger noch einmal etwas fester zusammen, so daß es beim Loslassen der Finger ein kleines Geräusch gibt. Auf diese Weise massieren wir alle Bergzüge unseres Handrückens und die dazugehörigen Finger einmal durch.

Abb. 27

Nun wenden wir uns den Tälern zwischen den Mittelfingerknochen zu. Wir fassen wieder oberhalb des Handgelenks mit Daumen und Zeigefinger zu und ziehen diesmal beide Finger in den Tälern zwischen den Mittelfingerknochen drückend bis zu den „Schwimmhäuten" hoch (Abb. 28). Auch hier ist der Druck der Finger am Ende etwas zu verstärken, so daß ein kleiner angenehmer Schmerz beim Abgleiten der drückenden Finger entsteht.

Abb. 28

9. Übungsschritt: Den Finger drehen

Stecke den kleinen Finger zwischen dem Ringfinger und dem kleinen Finger der anderen Hand hindurch.

Abb. 29

Presse diese beiden Finger zusammen und beginne den umklammerten Finger langsam herauszuziehen. Drehe ihn dabei von einer Seite zur anderen (Abb. 29). Auf diese Weise massierst du deinen Finger in seiner ganzen Länge und an jeder Stelle. Zusätzlich wird der Raum zwischen den drückenden Fingern massiert.
Nimm nun den Ringfinger und stecke ihn zwischen Mittelfinger und Ringfinger der anderen Hand hindurch. Ziehe ihn sich drehend und windend unter dem Druck der beiden Finger wieder hinaus. Verfahre so mit allen Fingern.

10. Übungsschritt: Den Handteller massieren

Wir wenden uns nun der Handinnenfläche zu.
Du massierst mit dem Daumen kreisend-drückend den Handteller der einen Hand (Abb. 30). Entwickle hierbei einen kontinuierlichen Rhythmus und umrunde den Handteller auf diese Weise. Du kannst die Technik auch variieren. Schließe die massierende Hand zur Faust (mit dem Daumen außerhalb) und reibe kreisend-eindrückend mit den Fingerknöcheln die Handinnenflächen.

Abb. 30

11. Übungsschritt: Einen Akupressurpunkt drücken

Lege den Daumen seitlich an den Zeigefinger an. Nun kann man auf dem Handrücken zwischen Daumen und Zeigefinger eine Falte entdecken, die in Richtung des Handgelenkes ausläuft. Neben der auslaufenden Falte wölbt sich ein Muskel nach oben (unterhalb des Zeigefingers). An der dicksten Stelle dieses Muskels, der sich seitlich von dem Faltental befindet, liegt ein Punkt, der in der Akupressur als Dickdarmmeridianpunkt 4 (Di 4) bezeichnet wird. Versuche, ihn zu finden. Drücke hierbei deinen Zeigefinger suchend in den kleinen Muskelberg (Abb. 31). Dieser Punkt ist recht empfindlich und daher schnell zu finden.

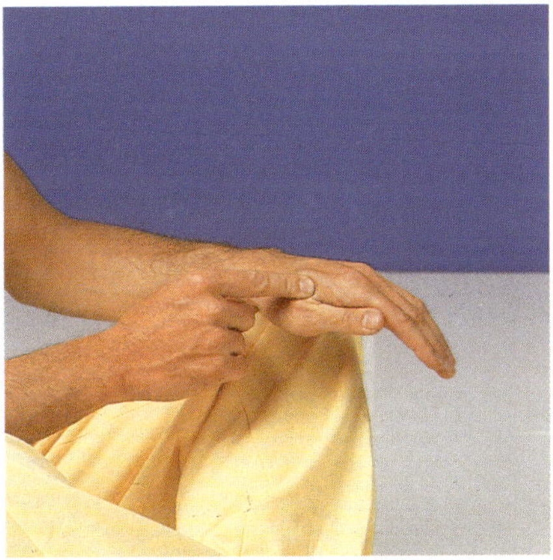

Abb. 31

Drücke ihn langsam mit dem Einatmen ein und laß ihn mit dem langen Ausatmen wieder los. Führe diese Druckpunktübung etwa eine Minute lang durch. Sie wirkt entspannend und ist bei regelmäßiger Anwendung als Maßnahme gegen Schmerzen und Unwohlsein in vielerlei Hinsicht (besonders im Gesichts- und Kopfbereich) geeignet.
Bei akuten Beschwerden in diesem Bereich sollte man sich nicht auf die hier vorgenommene Anleitung verlassen, sondern einen fachkundigen Arzt aufsuchen. Die Druckpunktübung sollte hier nur unter dem Aspekt der Entspannung vorgenommen werden. Sie kann als Abschluß einer Massage der einen Hand verwendet werden. Vertausche nun die Rollen der beiden Hände und massiere auch die andere Hand.
Wenn du auch diese Massage abgeschlossen hast, setze dich noch einmal bewußt aufrecht hin, lege die Hände in den Schoß und spüre den Gefühlen in deinen Händen, aber auch deinem Gesamtbefinden nach.
Wir möchten nun im folgenden Abschnitt noch einige Übungen anbieten, die man zu zweit ausführen kann. Zunächst gibt es noch eine sehr schöne Version der Handinnenflächenmassage aus dem Shiatsu. Du nimmst hierbei die Hand deines Partners in deine beiden Hände und wendest sie mit der Handinnenfläche nach oben. Nun steckst du von oben deine beiden kleinen Finger zwischen den Daumen und Zeigefinger auf der einen Seite und zwischen dem kleinen Finger und dem Ringfinger der anderen Handseite des Partners durch

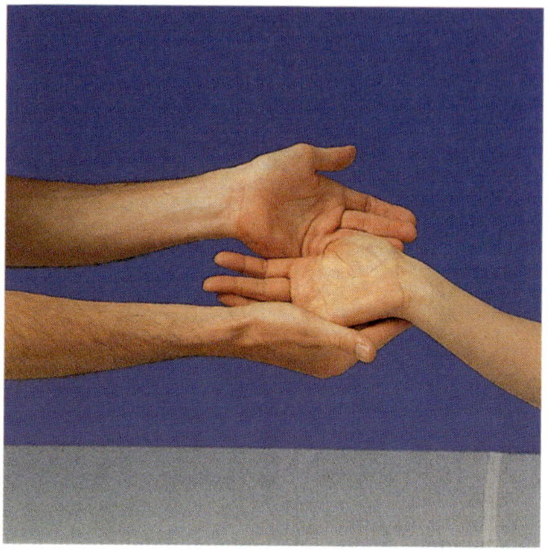

Abb. 32

(Abb. 32). Nun wird mit beiden Daumen die Handinnenfläche drückend massiert (Abb. 33). Dadurch wird der Handteller des Partners angenehm gestreckt und gedehnt, so daß das Drücken der Daumen sehr wirkungsvoll ist und als wohltuend empfunden wird.

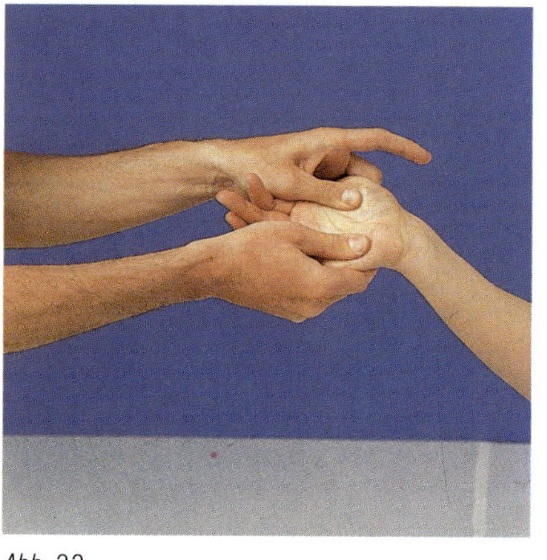

Abb. 33

Diese Übung habt ihr im Sitzen ausführen können, nun möchten wir noch ein paar völlig andersartige Erfahrungen mit den Händen im Stehen und Gehen anbieten. Stellt euch einmal gegenüber auf, so daß ihr euch ins Gesicht schauen könnt und sich eure Handflächen berühren können. Hebt nun eine Hand und nähert die Handinnenflächen aneinander an, ohne euch aber gegenseitig zu berühren (Abb. 34).

Abb. 34

Laßt eure Hände sich so weit annähern, bis ihr die Wärmestrahlung und vielleicht auch noch andere energetische Formen, die aus den Handinnenflächen des Partners herausstrahlen, in eurer Hand wahrnehmen könnt. Dann schließt die Augen und dreht euch langsam einmal im Kreis (Abb. 35).

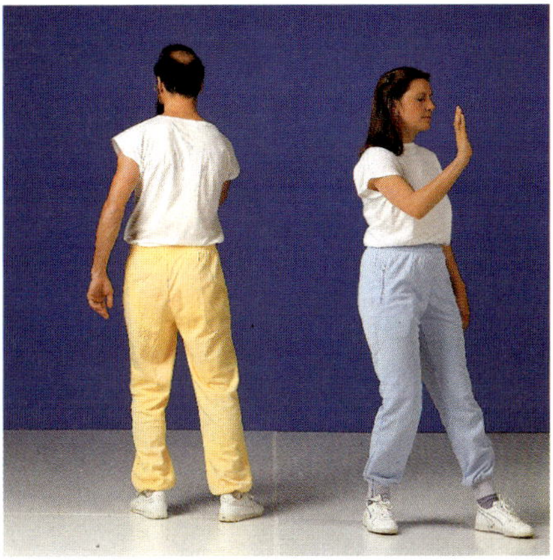

Abb. 35

Nun versucht – weiterhin mit geschlossenen Augen – allein über die energetische Ausstrahlung der Handinnenflächen des Partners mit euren Händen die Position seiner Hände zu entdecken, ohne diese zu berühren. Falls du Kontakt zu seinem Energiestrom gefunden hast, so nähere dich langsam und vorsichtig seinen Händen an, bis sich eure Hände nur noch ein paar Zentimeter auseinander befinden.
Versucht diese Position eine Zeitlang zu halten und spürt hierbei in euren energetischen Austausch hinein. Erst dann öffnet ihr die Augen.
Hättet ihr gedacht, daß es möglich ist, sich über die energetische Ausstrahlung und Empfindungsfähigkeit im Raum zu orientieren? Wie fühlen sich eure Hände jetzt an?
Macht diese Übung ein paarmal, und ihr werdet euch eurer Ausstrahlung zunehmend sicherer und bewußter werden.

Du kannst diese Sensibilisierungsübung auch für dich allein auf eine andere Art und Weise wahrnehmen. Nimm einen Tennisball zur Hand. Schließe nun die Augen. Halte den Ball mit der einen Hand etwas über der Höhe deines Kopfes und führe die andere Hand auf Beckenhöhe unter diese Hand. Nun versuchst du, mit geschlossenen Augen die geeignete Position deiner unteren Hand zu finden, bei der der oben losgelassene Tennisball genau in die unten geöffnete Hand fällt (Abb. 36). Auch hier kann die energetische Ausstrahlung und Wahrnehmungsfähigkeit der Hände ihre Stellung zueinander steuern helfen. Wenn die untere Hand genau in der richtigen Position ist, wird sich der Handteller sehr warm anfühlen. Wir können nur ahnen, warum dies so ist, wir können es nicht wissenschaftlich erklären.

Möglicherweise hängt diese Erscheinung mit der Ausstrahlung energetischer Zentren in der Hand („Handchakras") zusammen.

Abb. 36

Eine weitere Sensitivübung, bei der die Hände eine große Rolle spielen, ist die sogenannte „Blindenführung". Du legst deine Fingerkuppen auf die Fingerkuppen deines Partners und schließt die Augen. Spürst du nun in deinen Fingerspitzen einen Druck, so gehst du nach hinten. Fühlst du einen leichten Zug, so reagierst du, indem du nach vorn gehst (Abb. 37). Sei mit deiner ganzen Aufmerksamkeit bei deinen Fingern. Sie sind dein Sensorium, das dir den Weg durch den Raum weist.

Dein Partner führt dich auf diese Weise durch den Raum. Er kann die Übung variieren, indem er das Tempo beschleunigt, sich mit dir im Kreise dreht oder die Hände auseinanderteilt und wieder zusammenführt. Falls ihr Musik angestellt habt, könnt ihr auch versuchen, über die Kommunikation eurer Fingerspitzen zur Musik einen kleinen Tanz zu improvisieren (Abb. 38). Nach einiger Zeit gemeinsamen Erlebens wechselt ihr die Rollen. Du hältst deine Augen geöffnet, und dein Partner vertraut sich deiner Führung an.

Dies ist eine Übung, die sehr viel Vertrauen zum anderen erfordert. Du vertraust darauf, daß dein Partner sich seiner Verantwortung für dich voll bewußt ist und dich sicher durch den Raum führt.

Vertrauen und Verantwortung kulminieren in der Berührung der Fingerspitzen, deren Berührungsqualität eine Menge Auskünfte über die Art eures Erlebens geben kann. Waren die Finger ver-

Abb. 37

krampft, feucht oder kalt? Oder hast du sie als warm und elastisch erlebt? Was spielte sich in der Miene des von dir geführten Partners ab? Wie sicher hast du dich bei ihm gefühlt, als er dich führte?
Viele Anlässe für ein bedeutsames Gespräch.

Abb. 38

Zum Abschluß dieses Übungsabschnittes über Erfahrungen mit unseren Händen möchten wir noch eine Gruppensituation anbieten. Setzt euch im Schneidersitz zu einem Kreis zusammen und faßt die Hände eurer Nachbarn. Nun macht ihr die Augen zu (Abb. 39).
Spürt erst einmal in eure Hände hinein, wie sie sich in der Handfassung mit eurem Nachbarn anfühlen. Atmet ruhig und gleichmäßig.
Die linke Hand zeigt mit der Handinnenfläche nach oben und hält die Hand des linken Nachbarn. Die rechte Hand liegt entspannt und schwer mit der Handinnenfläche nach unten in der Hand des rechten Nachbarn. Nach einiger Zeit stellt ihr euch beim Einatmen jeweils vor, daß ihr Energie vom Nachbarn zur Linken über die linke Hand bezieht. Ihr atmet die Energie aus der Hand des Nachbarn in eure Hand, in euren Unterarm und in euer Zentrum im Bauchraum ein. Mit dem Ausatmen leitet ihr sie von

Abb. 39

dort aus wieder weiter in den rechten Arm, in eure rechte Hand und in die Hand eures rechten Nachbarn.
Erlebt dies eine ganze Weile – fünf, zehn oder mehr Minuten. Dann löst ihr vorsichtig die Handfassung und legt die Hände in den Schoß. Spürt noch einmal in den Händen nach und macht euch bewußt, was ihr während des Energiekreises erlebt habt. Öffnet nach einiger Zeit die Augen und teilt euch gegenseitig euer Erleben mit. Wir möchten nicht vorwegnehmen, welche Empfindungen wir hierbei haben und welche Erfahrungen uns von Kursteilnehmern mitgeteilt wurden. Dies ist eine der spannendsten Übungen im Körpererfahrungsbereich.

Ich entdecke meinen Rücken wieder neu

Die aufrechte Körperhaltung und der aufrechte Gang sind artenspezifische Merkmale des Menschen. Sie ermöglichten ihm die Bewegungsfreiheit der Hände, konfrontierten ihn aber auch mit dem Risiko, sich auf nur zwei Stützpunkte verlassen zu müssen. Ständig ist der Mensch darauf angewiesen, seine Körperteile möglichst vertikal aufeinander auszubalancieren, wenn er der Schwerkraftwirkung der Erde optimal begegnen möchte. Verschiebt sich nur ein einziger Baustein in diesem Gefüge, so verändert sich die gesamte Haltung des Menschen.
Doch die Körperhaltung ist nicht nur Ausdruck physiologisch wirkender Kräfteverhältnisse, sondern auch Abbild und Konsequenz inneren Geschehens. Wieder sind es Redewendungen, die uns diesen Zusammenhang deutlich machen können:
„Gebeugt von der auf ihm ruhenden Last des Lebens“,
„sich vor Angst ducken“ und der sogenannte „Duckmäuser“,
„sich voller Stolz aufrichten“,
„ein aufrechter Kerl sein“,
oder „aus dem Gleichgewicht geraten“.
So drückt jede Körperhaltung auch eine Gefühlslage aus. Die geduckte Haltung des Ängstlichen, die eingesunkene Haltung des Traurigen, die aufrechte Haltung desjenigen, der sich erfolgreich zur Wehr gesetzt hat und sich gut fühlt.
Jede uns deutlich werdende Haltung entspricht einem spezifischen Spannungszustand in der Muskulatur, der ausschlaggebend für die Organisation des knöchernen Systems ist. Beides – Muskulatur und Skelettsystem – beeinflussen sich wechselseitig. Beide Wechselwirkungen sind möglich: gegenseitige Stabilisierung oder Destabilisierung. Nimmt ein Mensch beispielsweise im Laufe seines Lebens zunehmend die Schultern nach vorn, so daß er im Brustraum „zumacht“, verändert sich auch seine Muskulatur. Die Brustmuskeln verkürzen sich, und die korrespondierende Rückenmuskulatur verliert an Spannkraft und wird überdehnt. Die Muskelhäute gewöhnen sich an diesen Tonus und unterstützen hierdurch wiederum die belastende Stellung der Knochen.
Befinden sich Menschen immer wiederkehrend in Lebenssituationen, die sie

aus dem Gleichgewicht bringen, zeigen sich körperliche Reaktionen. Die Muskulatur reagiert auf diese psychosomatischen Belastungssituationen und verändert sich. Spannungen lagern sich ein und führen zur Verhärtung, wo muskuläre Flexibilität gefordert ist, und zur Erschlaffung, wo Spannkraft notwendig wäre.
Sicherlich gibt es auch angeborene Haltungsschäden, aber ein großer Teil der Haltungsschwächen und -schäden wird im Zusammenhang mit physiologischer und psychosomatischer Überforderung im Laufe des Lebens erworben. Eine besonders häufig zu beobachtende Haltungsveränderung ist die Verkürzung des Körpers, dessen Wirbelsäule zunehmend in sich zusammensinkt. Typisch hierbei sind die extrem ausgeprägten Schwingungen der Wirbelsäule im Brust- und Lendenwirbelbereich. Die lebensgeschichtlich geprägte Muskulatur entzieht der Wirbelsäule die notwendige Unterstützung, die sie gegen die auf sie einwirkende Schwerkraft der Erde benötigen würde.
Eine andere Haltungsschwäche besteht darin, daß die Muskulatur sich ungleich ausprägt und die Wirbelsäule in eine Richtung drängt und aus ihrer optimalen Haltung herauszieht. Beide Wirkungsweisen der Muskulatur auf den Wirbelsäulenverlauf sind weit verbreitet. Sportmedizinische Untersuchungen haben hohe Prozentzahlen bezüglich seitlicher Abweichungen der Wirbelsäule (Skoliose) und besonders hinsichtlich einer disfunktionalen Ausprägung der Wirbelsäulenschwingungen im Brustwirbelbereich (zu starke Brustkyphose/Rundrücken) und im Lendenwirbelbereich (zu starke Lendenlordose/Hohlrücken) ergeben.
Verstärkt wird eine derartige Körperhaltung durch einseitige Verhaltensweisen, die durch unsere kulturellen Angewohnheiten und Techniken geprägt werden: überlanges Sitzen in der Schule, hinter der Schreibmaschine oder dem Computer, vor dem Fernseher; gebeugtes Stehen am Fließband. Oftmals verstärken sich hier regelmäßig wiederkehrende psychosoziale Belastungssituationen und kontinuierliche physiologische Fehlbelastungen gegenseitig und führen zu dem beschriebenen Krankheitsbild. Eine falsche Körperhaltung ist jedoch nicht nur wenig ästhetisch und schränkt die Beweglichkeit des Körpers ein, sondern wirkt sich ebenfalls auf das gesamte Wohlbefinden des Menschen und seine Lebensenergie aus. Ein Körper, der sich allmählich aus der Vertikalen gezogen hat, muß mehr Energie für den Kampf gegen die Schwerkraft aufwenden und nimmt sich auch in anderer Hinsicht die Lebensenergie weg.
Wir möchten dies am Beispiel des Hohlrundrückens deutlich machen. Egal aus welchem Grund – sei es psychosoziale Überlastung, physiologische Überforderung oder beides miteinander verbunden – beginnt die Wirbelsäule eines Menschen einzusinken. Die lordotische Schwingung im Lendenwirbelbereich verstärkt sich zum Hohlrücken, und die kyphotische Schwingung der Wirbelsäule im Brustwirbelbereich wird zum

Rundrücken. Das Hohlkreuz drückt die Bauchorgane in den sich nach vorn wölbenden Bauch. Die Bauchmuskulatur wird überdehnt, bei einer gleichzeitigen Verkürzung der Muskulatur im unteren Rückenbereich. Die Verstärkung der oberen Wirbelsäulenschwingung führt zu einer Überdehnung der rückwärtigen Muskulatur im oberen Rückenbereich und zu einer einhergehenden Verkürzung der vorderen Brustmuskulatur. Wir erhalten die beim Rundrücken so typisch nach vorn gezogenen Schultern, die den Brustraum verkleinern und einschnüren.

Die Folge sind eine Verengung des Atemraums und eine Bedrängung der Herzgegend. Beides ist als emotionale Beklemmung spürbar und hat schwerwiegende Folgen für die Funktionsweise des Herz-Kreislauf-Systems. Die Einengung des Atemraums hat eine ungenügende Beatmung der Lunge zur Folge. Der Atem wendet sich konsequenterweise lieber dorthin, wo er eine relative Freiheit vorfindet und die Muskulatur noch flexibler ist. Ein vermindertes Atemvolumen führt zu einem reduzierten Gasaustausch in der Lunge. Somit wird weniger Blut gereinigt und mit frischem Sauerstoff versehen.

Weil sich das Herz nun nicht mehr ungehindert ausdehnen kann, wird es in seiner Funktionstätigkeit eingeschränkt. Dies ist oftmals in Form von Herzstichen wahrnehmbar. Das Herz sendet Signale an den Betroffenen, sein Leben endlich so einzurichten, daß das Herz wieder frei und ungehemmt pulsieren kann. Doch nicht nur die Menge des mit frischen Sauerstoff versehenen Blutes wird durch einen Hohlrundrücken herabgesetzt, sondern auch die Durchblutungsfähigkeit der betroffenen Muskulatur selbst. Der Blutkreislauf wird durch eine verspannte Muskulatur behindert. Die Blutgefäße werden in den verspannten und verhärteten Muskelfasern bedrängt und können nur noch eingeschränkt das Blut und somit die Muskelnahrung in die verspannten muskulären Bereiche transportieren. Derartige Bereiche sind daher nur ungenügend durchblutet, unterversorgt und besonders anfällig für Verletzungen bei spontan eintretenden Anforderungen. Aus diesem Grund sind auch akut auftretende Verletzungen weniger ein Ausdruck momentaner Überforderung, beispielsweise beim Heben eines schweren Möbelstücks, als vielmehr Folgen einer langfristigen psychosozialen und physiologischen Fehlbelastung.

Jahrelange Schwächung des Widerstandspotentials erzeugt eine Labilität, die einer plötzlichen Anforderung nichts mehr entgegenzusetzen hat als die totale Verweigerung. Der Körper reagiert mit Verletzung und stellt über die Veränderung der Schmerzgrenzen den geschwächten Bereich ruhig. Ein deutlicheres Signal kann ein Mensch nicht erhalten. Danach kommt nur noch der Zusammenbruch des gesamten Systems, wenn er auch dieses deutliche Zeichen überhören sollte und sein Verhalten im Leben nicht grundsätzlich umstellt.

Zusammenfassend läßt sich feststellen: Die Lebensgeschichte eines Menschen prägt seine Haltung in einem inneren und in einem äußeren Sinne. die Architektur des Körpers sowie das lebensgeschichtlich Erfahrene und psychosomatisch Verarbeitete stehen in einem funktionalen Zusammenhang. Beides befindet sich in einem Verhältnis wechselseitiger Abhängigkeit und ist von großer Bedeutung für die Gesundheit eines Menschen. Die Haltung eines Menschen drückt einerseits sein vorhandenes lebensenergetisches Potential aus, hat aber wiederum auch Einfluß auf die Lebensenergie, die ihm zur Verfügung steht. Lebensqualität ist somit im besonderen Maße abhängig davon, wie ein Mensch sich innerlich und äußerlich hält und wie er gleichzeitig das Loslassen dieser Haltung zulassen kann.

Ein Mensch mit einer Haltungsschwäche fühlt sich oft müde und schlapp. Ihm steht seine Lebensenergie nur unzureichend zur Verfügung. Schmerzhafte Verletzungen und Schäden im Rücken – fehlinterpretiert – verschlechtern diesen Zustand. Dies wiederum kann dazu führen, daß der Mensch noch weiter in sich einsinkt und damit seine Haltungsschwäche verstärkt – Circulus vitiosus, ein Teufelskreis. Sicherlich muß ein derart geplagter Mensch sich ernsthaft überlegen, welche Ursachen seine Fehlhaltung und sein lebensenergetischer Verlust haben. Es ist meistens ein Bündel von Ursachen, das konzentriert auf seinen Lebenszustand einwirkt.

Eine unbedingt notwendige – aber in der Regel nicht ausreichende – Hilfe sind physiotherapeutische Maßnahmen. Die folgenden Übungsangebote für den Rücken sind Hilfen auf dem Weg zur Wiederaufrichtung der Wirbelsäule. Die im späteren Verlauf des Buches vorgestellten Tai-Chi-Übungen setzen fort, was mit den nun folgenden Rückenübungen begonnen werden soll.

Auch unabhängig von einer Abweichung des Wirbelsäulenverlaufs können diese Übungen für alle Leser einen Beitrag zur Körperwahrnehmung und -erfahrung leisten, der Spaß macht, Entspannung bereitet und daher das Wohlbefinden steigert.

Wie sitzt du eigentlich?

Mache – ohne dich zu verändern – eine innere Momentaufnahme deiner Sitzhaltung. Wahrscheinlich bist du etwas eingesunken beim Lesen, und dein Kopf war nach vorn geneigt. Richte dich allmählich auf und spüre, wie sich dein Körpergefühl für den Rücken und für das Atmen verändert. Der Körper gewöhnt sich nur allzu leicht an Fehlhaltungen und findet sie dann auch noch bequem. Laß dich nicht täuschen, wenn die aufrechte Sitzhaltung zunächst nicht so angenehm ist. Dies ist nur so, weil das aufrechte Sitzen ungewohnt für die Muskulatur ist. Doch sie gewöhnt sich nach einiger Zeit wieder daran und wird dir deine Geduld vielfältig danken. Wenn du nun beim weiteren Lesen bemerkst, daß du wieder einsinkst, so laß dich nicht darauf ein, sondern richte dein Rückgrat wieder auf.

Stehe nun – nach diesem kleinen, aber doch sehr wichtigen Experiment – auf und nimm deine Normalhaltung ein. Hiervon ausgehend möchten wir die wesentlichen Aspekte einer Haltung in dir aufbauen, die als Grundhaltung des Tai Chi Chuan bezeichnet wird und von der wir auch in den weiter hinten dargestellten Tai-Chi-Übungen ausgehen.
Stelle die Füße schulterbreit, wobei sie parallel zueinander stehen sollten. Nun sinke etwas in den Knien ein. Spüre die Spannung in den Oberschenkeln (Abb. 40). Indem du einsinkst, verlagerst du den Druck deines Körpergewichts zum Teil vom Lendenwirbelbereich hinunter in die Oberschenkel.
Hierdurch wird der ansonsten durch überlanges Sitzen und Stehen überforderte untere Rückenbereich entlastet. Der Schwerpunkt verlagert sich mit dem Einsinken der Knie nach unten, und der Lendenwirbelbereich kann „aufatmen". Dies ist eine der wichtigsten heilgymnastischen Wirkungsweisen des Tai Chi Chuan.
Bewege jetzt dein Becken langsam vor und zurück, bis du das Gefühl hast, daß sich die Wirbelsäule stabil hierauf aufrichten kann. Stelle dir vor, unten am Steißbein sei ein goldener Faden befestigt, der die Wirbelsäule dehnend nach unten zieht. Aber gleichzeitig ist auch auf deinem Scheitel ein goldener Faden, der dich nach oben zieht. Du merkst, wie sich deine Wirbelsäule dehnend streckt und mehr und mehr aufrichtet. Diese Haltung, aufrecht in den Himmel, aber doch verwurzelt zur Erde, ist kennzeichnend für das Tai Chi Chuan.

Abb. 40

Versuche nun, dich in dieser Körperhaltung fortzubewegen. Du machst langsame Schritte – fast wie in Zeitlupe. Du bleibst hierbei leicht eingesunken in den Knien, so daß dein Schwerpunkt weiterhin etwas nach unten verlagert ist. Stelle dir nun vor, daß du eine Schale mit Wasser auf dem Kopf balancierst. Diese Vorstellung hilft beim aufrechten Gang und bietet somit die Voraussetzung für einen kontinuierlichen, langsamen Bewegungsfluß (Abb. 41).
Gehe in dieser Art und Weise eine ganze Weile durch den Raum. Schaue dabei nicht nach unten zu den Füßen, sondern geradeaus nach vorn. Präge dir diese Haltung und Fortbewegungsweise ein, nimm sie in dein Körperbewußtsein auf. Vielleicht hilft dir dies auch beim aufrechten Gang durch den Alltag.

Abb. 41

Die nächsten Übungen dienen ebenfalls der Rückenwahrnehmung und können nur gemeinsam mit einem Partner durchgeführt werden. Setzt euch in den Schneidersitz, so daß ihr Rücken an Rücken sitzt. Nehmt hierbei eine sehr aufrechte Sitzhaltung ein. Achtet darauf, daß der Kreuzbeinbereich und der Lendenwirbelbereich sich möglichst fest berühren. Dies soll während der gesamten Übung so bleiben. Im mittleren und oberen Wirbelsäulenbereich sollt ihr euch nicht ständig berühren. Hier habt ihr beim Ausatmen wenige Millimeter Abstand voneinander. Erst beim Einatmen berühren sich eure Rücken auf der vollen Länge. Ihr atmet aus, und durch die Verengung der oberen Hälfte des Atemraums entfernen sich eure Rücken dort wieder voneinander.

Laßt dieses Spiel eine Weile zu und versucht hierbei, zum gleichen Atemrhythmus zu kommen. Ihr bewegt eure Rücken hierbei nicht hin und her, sondern fixiert das Rückgrat in seiner aufrechten Haltung. Die Berührung und das Lösen der Rücken erfolgt nur durch die Verengung und Erweiterung des Atemraums.

Nach einiger Zeit wird sich die Wahrnehmung für den Rücken verändern. Unterhaltet euch anschließend hierüber. Teilt euch mit, was ihr hierbei wahrgenommen habt.

Die nächste Übung setzt diesen Weg, seinen Rücken neu zu entdecken, weiter fort. Du setzt dich hierbei wieder aufrecht im Schneidersitz hin. Versuche, die Aufmerksamkeit auf deinen Atem zu lenken und zu einem ruhigen und gleichmäßigen Atemrhythmus zu finden. Atme dreimal so lang aus, wie du einatmest. Atme auch hier nicht kräftiger ein als gewöhnlich.

Nun legt dein Partner seine Hand sanft auf deinen Nackenansatz. Versuche dein Einatmen dorthin hoch zu lenken. Du stellst dir vor, daß der Atemstrom genau zu der Stelle fließt, an der die Hand deines Partners aufliegt (Abb. 42). Nach einigen Atemzügen wird die Hand etwas tiefer aufgelegt und du versuchst wiederum, dein Einatmen hierhin zu lenken (Abb. 43). Auf diese Weise wandert die Hand des Partners deinen ganzen Rücken hinunter bis zum Kreuzbeinbereich. Jedesmal verweilt die Hand solange, bis du wirklich eine ausreichende Chance hattest, diesen Bereich mit deinem Atem zu beleben.

Abb. 42

Abb. 43

Unterhaltet euch, bevor ihr die Rollen tauscht, über das, was ihr wahrgenommen habt. Welche Bereiche des Rükkens haben sich lebhaft bewegt, welche waren unbeweglicher? Wie hast du die Hand des Partners erlebt? Hat sie dir beim Beatmen dieser Bereiche geholfen? Sind dir Rückenpartien bewußt geworden, die du ansonsten wenig berücksichtigst?

Was hast du beim Beatmen dieser Stellen im Rücken gefühlt?

War die Beatmung mit Trauer, Wohlbefinden oder Gleichgültigkeit verbunden?

Wenn ihr dieses Gespräch geführt und beendet habt, könnt ihr euch noch ein wenig mit einer Rückenmassage verwöhnen.

Abb. 44

Nimm hierbei einen Tennisball und drücke ihn mit einer Hand in eine Muskelpartie im Rücken des Partners. Nun bewegst du diesen Tennisball kreisenddrückend über alle Muskelpartien seines Rückens (Abb. 44). Hier kannst du recht fest eindrücken. Ganz sanft gehst du allerdings mit diesem Ball die Wirbelsäule hinunter.

Abb. 45

Massiere anschließend noch einmal den Nacken- und Schultergürtelbereich deines Partners mit den Händen (Abb. 45). Hier haben sich aufgrund der vorgeneigten Stellung beim Schreiben, Lesen oder Fernsehen Spannungen eingelagert. Auch psychosozialer Streß verfestigt sich in diesem Bereich.

Ich bin in meiner Mitte

Alle hochentwickelten traditionellen Kulturen erkannten den Unterbauch als ein wichtiges Zentrum im menschlichen Körper an. Im Tai Chi Chuan wird dieses Zentrum „Tan Tien" genannt. Die Japaner lenkten beim meditativen Sitzen („Zazen") den Atem hinunter in den Unterbauch („Hara"). Für die Yogis spielte der Nabel-Chakra eine wichtige Rolle. Nur unsere westliche Kulturtradition ließ uns das Bauchzentrum verdrängen und vergessen. Der Kopf wurde zum Zentrum unserer Lebensweise erklärt.

Menschen, die auch auf ihren Bauch zu hören gelernt haben, sind weniger leicht lenkbar und lassen sich nicht so leicht aus ihrem Rhythmus bringen. Auch hier macht es einen großen Unterschied, ob ich eher meinen Körper habe oder mehr mein Körper bin. Einen-Bauch-haben hieße in diesem Fall, daß er vor allem zum Verdauen da ist und ansonsten möglichst einzuziehen ist. Am besten, man sieht ihn überhaupt nicht. Bauchsein aber meint, die Gefühle ernst zu nehmen, die sich im Bauchraum ausdrücken. Dies heißt aber auch, ihn nicht einzuschnüren und zu verstecken, sondern ihm Raum lassen, den er zu seiner Ausdehnung benötigt.

Verschiedene leiborientierte Therapien wie das „Rolfing" oder die „Bioenergetik" haben inzwischen das bestätigt und aktualisiert, was die traditionellen Kulturen schon immer wußten: Der Bauchraum ist ein Zentrum emotionalen Erlebens, in dem sich ungeheuer viel Energie sammelt. Gefühle lagern sich in den inneren Organen und in der Muskulatur des Bauchraums ein. Wenn man sie verdrängt und nicht berücksichtigt, setzt sich der Bauchraum zur Wehr. Magengeschwüre und Verdauungsbeschwerden haben bekanntlich psychosomatische Ursachen. Die Massage des Bauchraums, die bewußte Anspannung oder Entspannung der Bauchregion oder das Hinunteratmen in den Bauch hinein können derartige eingelagerte Gefühle hervorholen.

Therapien versuchen, dies bewußt zu provozieren, um den schädlichen Einfluß nicht ausgelebter und unverarbeiteter Emotionen zu beseitigen. Auch unsere Umgangssprache bringt zum Ausdruck, daß der Bauchraum mehr als ein Ort biochemischer Reaktionen und mehr als der Sitz der Bauchmuskulatur ist:
„sie lebt aus ihrem Bauch heraus",
„er hat dies alles nicht mehr verdaut",
„da dreht sich mir der Magen um, wenn ich das sehe",
„ich habe vielleicht eine Wut im Bauch",
„da krampft sich mir alles im Bauch zusammen".
Wir können davon ausgehen, daß sich zurückgehaltene Emotionen innerhalb der Magendarmwände entladen und sich zerstörerisch gegen die inneren Organe wenden. Übelkeit, häufiges Erbrechen, Magengeschwüre und Verdauungsprobleme sind typische psychosomatische Erkrankungen, bei denen der Erkrankte nicht gelernt hat, in der betreffenden Situation seine Wut, seine Aggressionen, aber auch seine Zuneigung und Liebe auszuleben. Er schluckt alles hinunter, und dort unten angekommen, schadet es ihm. Das Rolfing arbeitet mit dieser Erkenntnis in einem körpertherapeutischen Sinne.
Im Bauchraum festgehaltene Gefühle führen zu muskulärer Verspannung und Verhärtung in dieser Region. Der Rolfer dringt nun mit seinen Fingern und Knöcheln tief in die Bauchregion ein und nimmt Kontakt mit der lebensgeschichtlich entstandenen Muskelverpanzerung auf. Gleichzeitig kommt er hierdurch auch in Berührung mit der sozialen Biografie eines Menschen. Die durch die Tiefengewebsmassage stimulierte Muskulatur gibt eine Menge der dort eingelagerten Gefühle frei. Es kommt häufig zum Weinen, Krampfen und Lachen. Hysterische Gefühlsausbrüche verdeutlichen oftmals, wie nötig dieser Mensch einen derartigen Eingriff hatte.
Auch im Tai Chi Chuan versucht man, die Verspannung der Muskulatur im Bauchraum zu lösen – aber auf eine wesentlich sanftere Art und Weise. Auch hier gibt es die Erkenntnis, daß die Verspannung des Bauchraums die Lebensenergien blockiert. Daher werden die Tai-Chi-Übungen immer aus der Aufmerksamkeit für den entspannten, losgelassenen Bauchraum heraus begonnen. Die innere Aufmerksamkeit wird auf den Tan Tien gelenkt, wo die Spannung der Muskelschichten gelöst wird.
Stell dich einmal hin und lege unterhalb des Bauchnabels drei Finger an. Auf dieser Ebene – drei Finger unterhalb des Bauchnabels – liegt dein Tan Tien.
Denke dir von dieser Stelle eine direkte Verbindung zur Wirbelsäule. Etwa fünf Zentimeter hinter den Bauchdecken auf dieser gedachten Verbindungslinie liegt der Tan Tien, aus dem heraus alle Bewegungen im Tai Chi erfolgen. Auch die Atmung im Tai Chi sinkt zum Tan Tien herab. Wir lernen wieder, in den Bauch herunter zu atmen. Innere Aufmerksamkeit, Entspannung des Bauchraums und tiefe Atmung hängen miteinander zusammen.
Wir möchten eine Übung anbieten, die diesen Zusammenhang verdeutlichen

kann. Stelle dich hierzu in die bereits erarbeitete Grundposition des Tai Chi Chuan. Noch einmal zur Wiederholung:
- Füße parallel und schulterbreit
- in den Knien einsinken
- das Becken ausbalancieren
- den Rücken strecken
- die Schultern locker lassen, ohne den Brustraum zu verschließen.

Nun versuche, die Muskulatur im Bauchraum zu entspannen. Schau mit deiner inneren Aufmerksamkeit mehrmals nach, ob du nicht doch Muskelschichten findest, die sich lösen lassen. Erst wenn der Bauchraum weitgehend gelockert ist, kann sich das Zwerchfell ungehindert zusammenziehen und senken. Mit dem Einatmen drückt das Zwerchfell nach unten auf die sich dort befindlichen Organe, massiert sie auf diese Weise und verschafft der Lunge den nötigen Raum für die Bauchatmung. Bleibt der Bauchraum gespannt, so kann das Zwerchfell nicht ungehindert arbeiten, und der Atem wird oberflächlich bleiben müssen.

Probiere einmal beide Arten zu atmen aus: Spann die Bauchmuskulatur an und versuche, in den Bauchraum zu atmen. Tue dies einige Male. Nun entspann den Bauchraum wieder und versuche, zum Tan Tien herunter zu atmen. Merkst du den großen Unterschied? Es gibt noch einige kleinere Übungen, die geeignet sind, die innere Aufmerksamkeit für den Bauchraum, für den Tan Tien zu verbessern. Trommele zunächst einmal locker, aber rhythmisch mit beiden Handinnenflächen auf den Bauch und laß dabei zunehmend die Bauchmuskulatur los.

Wenn du das Gefühl von Gelöstheit in der Bauchregion hast, so drücke die bewußte Stelle, drei Finger breit unter dem Bauchnabel, mit dem Zeigefinger ein. Konzentriere dich ganz auf diesen Bereich. Mit jedem stoßweisen Ausatmen schnellst du nun den Finger von deiner Bauchdecke weg. Mit dem Einatmen setzt du den Zeigefinger wieder auf der Höhe des Tan Tien auf und drückst ihn ein. Mache dies zehnmal und atme dann wieder natürlich und locker zum Bauchraum herunter.

Falls du einen Partner bei dir hast, könnt ihr die Zentrierung auf den Tan Tien auch gemeinsam üben. Ein Hilfsmittel hierzu ist ein vielleicht dreißig Zentimeter langer Stab. Ihr stellt euch einander gegenüber und verbindet die beiden Bauchzentren, auf der Höhe des Tan Tien, mit dem Stab. Wenn ihr das Gefühl habt, daß der Stab sicher sitzt, beginnt ihr, euch langsam gemeinsam durch den Raum zu bewegen (Abb. 46).

Abb. 46

Wir werden nun die Einzelübungen fortsetzen.
Nimm wieder die Grundhaltung ein. Löse die Spannungen aus deinem Bauchraum und lenke die Aufmerksamkeit auf den Atem. Nimm bewußt wahr, wie du sanft den Atem einströmen und langsam wieder gehen läßt. Verlagere nun dein Gewicht auf das rechte Bein. Du stellst dir vor, daß du über den rechten Fuß aus dem Boden heraus einatmest. Diese Energie strömt mit dem Einatmen in deinen Unterbauch hinein. Sie sammelt sich dort, löst sich wieder und fließt mit dem Ausatmen und der Gewichtsverlagerung auf das andere Bein zum linken Fuß hinunter und wieder in den Boden hinein.
Du bleibst mit dem Gewicht noch auf dem linken Fuß, atmest durch ihn ein in den Unterbauch, schwankst zur rechten Seite und atmest in den Boden durch den rechten Fuß aus. Wiederhole dies eine ganze Weile und atme dabei ruhig und gleichmäßig. So kannst du einen Zustand erreichen, bei dem innere und äußere Bewegung in Harmonie sind. Du bist zentriert, und der Atem und der Rhythmus deines Schwankens befinden sich im Einklang.
Wenn du mit dem Ausatmen das Gewicht auf das andere Bein verlagert hast, mach mit dem anderen Fuß einen kleinen und langsamen Schritt vorwärts. Du befindest dich mit dem Gewicht beispielsweise auf dem linken Bein, atmest durch den linken Fuß in die Bauchregion ein, hebst während dieses Einatmens den rechten Fuß an und setzt ihn dann mit dem Ausatmen wieder auf dem Boden auf. Hierbei atmest du durch diesen Fuß in den Boden aus. Mit dem Einatmen durch den rechten Fuß hebst du wiederum den linken Fuß zum Schritt und so fort.
Du gehst nun voll zentriert mit tiefer Bauchatmung in Zeitlupe durch den Raum. Sei sehr aufmerksam für alle Eindrücke und Gefühle, die du wahrnehmen kannst. Vielleicht ist es schon sehr lange her, daß du diesen zentrierten Zustand in der Bewegung erleben konntest. Dies sind Erfahrungen, die man mitnehmen kann in das Laufen, Tanzen und alle Formen des Sich-Bewegens.

Ich erlebe meine Stimme

Reden, Singen, Schreien und Flüstern ist Körpererfahrung. Wenn ich meine Rede nicht auf meinen Atemrhythmus abstimme, kann ich nicht wirkungsvoll sprechen und fühle mich zudem noch unwohl. Wenn ich meiner Stimme den tiefer gelegenen Resonanzraum nicht verfügbar mache, bleibt sie dünn und piepsig. Vieles, was sich in uns regt, kommt mit unserer Stimme zum Ausdruck. Wir sprechen mit „belegter Stimme“, wenn uns etwas bedrückt. Eine tiefe, feste Stimme soll Selbstsicherheit ausdrücken, eine sanfte Stimme Zärtlichkeit. Wenn jemand einen Gefallen von einem anderen erwartet, so wird seine Stimme möglicherweise dünn und hoch.
Menschen, die Anlaß zum Schreien hätten, dies aber nicht dürfen, schnürt es die Kehle zu. Wird dieser Zustand, in dem

die Wut hinuntergeschluckt wird, zu regelmäßig wiederkehrendem Verhalten, so verändert sich auch die Stimmlage dieses Menschen.
Jeder, der es einmal ausprobiert hat, weiß, daß es einen Zusammenhang zwischen der Atembewegung und dem Schwingen der Töne gibt. Beispielsweise lenkt das „U" den Atem in die unteren Körperregionen, und das „I" hebt den Atem nach oben.
Auch die fernöstlichen Kulturen kannten diesen Zusammenhang. So gibt es bei den Indern zahlreiche meditative Klangsilben (Mantras), von denen die Silbe „Ohm" wohl am bekanntesten ist. Das tibetanische Kum Nye kennt die mantrischen Silben „Om Ah Hum", und in China werden Chi-Kung-Übungen mit dem Singen von Tönen verbunden. Die Möglichkeit, in der Gemeinschaft mit anderen zu seiner Stimme zu finden, ist an innere Erfahrung und Reifung gebunden. So ist die Stimme immer auch Ausdruck personaler Identität.
Je mehr ein Mensch seine Stimme verstellt, desto weniger Chancen hat ein Interaktionspartner, ihn in seinem Wesen zu erkennen. Wenn eine lange Phase im Leben mit verstellter Stimme verbracht wurde, geht ihre Eigenart allmählich verloren. Die nun folgenden Körpererfahrungsangebote mit der Stimme sollen helfen, den einzigartig eigenen Klang zu finden. Des weiteren sind sie geeignet, Atemräume zu entdecken und den Atem tiefer werden zu lassen. Stimmübungen, richtig durchgeführt, verweisen den Übenden auf sich selbst, auf seinen Atemrhythmus und wirken entspannend auf das vegetative Nervensystem.
Die erste Übung ist sehr einfach. Du trommelst locker auf deinen Bauch und läßt dazu einen tiefen Ton erklingen. Nach einigen Atemzügen wanderst du mit den trommelnden Händen langsam nach oben, bis zur Brust. Während dieser Fortbewegung hebst du langsam den Ton, den du hierzu aus dir hinaus läßt, zu einer höheren Tonlage an. Deine Stimme vibriert jetzt merklich im Rhythmus des Trommelns.
Laß nach einiger Zeit die Hände wieder trommelnd nach unten wandern und senke gleichzeitig den Ton allmählich ab. Wenn deine Hände auf dem Unterbauch angelangt sind, ist die Stimme so tief, wie es dir irgendwie möglich ist.
Die nächste Tonübung besteht aus fünf Übungssequenzen und ist an die chinesische Lehre von den fünf Elementen angelehnt. Die fünf Elemente waren in China die Erde, das Metall, das Wasser, das Holz und das Feuer. In Verbindung zur Theorie von Yin und Yang wurden diese fünf Elemente auf alle möglichen Qualitäten bezogen, die beispielsweise im Zusammenhang mit der Nahrungszubereitung, der Naturbetrachtung, der Medizin oder den menschlichen Eigenschaften standen. Es entwickelte sich ein differenziertes Deutungssystem, in dessen Rahmen die fünf Elemente wichtige Bezugskategorien waren.
Die meditative Tonübung, die nun vorgestellt wird, nennt sich das „Haus der Töne", und es ist am schönsten, sie mit einer Gruppe durchzuführen. Bevor die eigentliche Übung beginnt, sollte man

sich erst einmal im Kreis niederlassen, eine aufrechte Sitzhaltung einnehmen und zur Ruhe kommen. Das „Haus der Töne" gelingt erst in einer entspannten Atmosphäre.

1. Das Haus des Wassers

Du setzt dich mit überkreuzten Beinen hin und legst beide Hände auf dem Unterbauch übereinander (Abb. 47). Nun atmest du tief ein und intonierst das tiefe „U". Dieser Ton gehört zum „Haus des Wassers".
Versuche diesen Ton so tief zu gestalten, daß seine Vibration in der Handfläche zu spüren ist. Sing nun einige tiefe Atemzüge diesen Ton und schließe hierbei die Augen. Singe so laut, daß du das Gefühl hast, auch die anderen können dich hören, aber werde nicht dominant. Setze mit deiner Stimme sanft ein und hauche zum Ende deines Atems den Ton aus.

Abb. 47

2. Das Haus der Erde

Du legst die linke Hand auf den Solarplexusbereich (Nervengeflecht im Oberbauch) und zum Zeichen deiner tiefen Verbundenheit mit der Erde legst du die rechte Hand mit dem Handteller nach unten auf den Boden (Abb. 48). Du schließt die Augen und intonierst den Ton „A".
Du wirst bald merken, daß er etwas höher als der Ton „U" gesungen werden muß, wenn du den von deiner linken Hand gehaltenen Bereich zum Schwingen bringen möchtest. Wenn du einatmest, stellst du dir vor, daß du über die rechte Hand Energie aus der Erde beziehst, die mit dem weiteren Einatmen in das von der Linken gehaltene „Haus der Erde" einströmt.

Abb. 48

3. Das Haus des Feuers

Du legst die linke Hand auf die Herzgegend, das „Haus des Feuers“. Hier wohnt das Feuer der Liebe und des Hasses. Du streckst des weiteren die rechte Hand aus, so daß ihr Handteller nach außen zeigt. Beim Einatmen stellst du dir vor, daß du von der Welt Liebe entgegennimmst. Beim Ausatmen intonierst du das „E“ und stellst dir vor, daß du von deiner Liebe den anderen etwas abgibst (Abb. 49).

Du entwickelst hierbei die Vorstellung, daß diese Energie von deinem Herzbereich ausgehend durch den ausgestreckten rechten Arm und den nach vorn gerichteten Handteller in die Welt hinausströmt. Natürlich ist der Ton „E“ höher als der Ton „A“, da er ja den höher liegenden Herzbereich zum Vibrieren bringen möchte.

Abb. 49

4. Das Haus des Metalls

Du legst die linke Hand an den Hals und die rechte auf die Stirn. Du schließt die Augen und singst nun recht hoch den Ton „O“ (Abb. 50). Dies ist der Vokal, der dem „Haus des Metalls“ zugeordnet ist. Besonders hier stellt sich oft eine wunderbare Harmonie mit den anderen Sängern ein.

Du hast in bestimmten Phasen das Gefühl, als wenn sich deine Existenz als Einzelwesen in der Vibration des gemeinsam erzeugten Tons auflöst. Eure Tonenergie findet zu einer Schwingungsharmonie, die noch lange in dir nachwirken kann. Oftmals ist ein derartiges Erlebnis von einem Gefühl des Selbstvertrauens und des Zutrauens zur Gruppe begleitet. Laß dir besonders nach dieser Übung viel Zeit zum Nachspüren und Nachsinnen, ehe du mit dem letzten Ton beginnst.

Abb. 50

5. Das Haus des Holzes

Dieses Haus ist außerhalb Deines Körpers – in der Luft. Du streckst hierzu die Arme und Hände über dich nach oben hinaus und intonierst das „I“. Es ist ein starker, kräftiger Ton, der die Qualität des hochwachsenden Holzes besitzt (Abb.51). Eine junge Pflanze hat die Kraft, sich gegen so manchen Widerstand durchzusetzen. Mit der gleichen Aggression wird dieser Ton in einer sehr hohen, fast schrillen Tonlage herausgelassen.
Manchmal paßt dieser Ton nicht so gut in unsere Stimmung, und wir lassen ihn dann weg. Entscheide selbst, ob du ihn dazunehmen möchtest. Auf jeden Fall ist er ein sehr belebender Abschluß, bei dem schrilles Schreien erlaubt ist. Mach dir nichts daraus, wenn dieser Ton manchmal im Lachen der Gruppe untergeht. Nichts ist so ernst, daß man darüber nicht auch einmal lachen sollte. Besonders herzlich konnten die alten Zen-Mönche lachen. Lachen ist Leben, und darum soll es doch gehen.

Abb. 51

Vielleicht habt ihr ja jetzt noch Lust, etwas gemeinsam zu singen. Eingängige Melodien mit einfachen Texten, wie z. B. „Hejo, spann den Wagen an“, können – in der richtigen Stimmung gesungen – zum folkloristischen Mantra aus unserem Kulturkreis werden. Da brauchen wir gar nicht das indische Mantra „Ohm“ herbei zu bemühen. Singen kann eine meditative Qualität bekommen, die die Hemmungen beim Singen in der Gruppe zum Nichts werden läßt.

Lerne von der Körpererfahrungskultur der Chinesen

Tai Chi Chuan – sich bewegen im Rhythmus von Yin und Yang

Das Tai Chi Chuan hat sich aus den traditionellen chinesischen Kampfkünsten Wushu entwickelt. Es war ursprünglich als Selbstverteidigungskunst gedacht und veränderte sich erst in den letzten Jahrzehnten mehr und mehr zu einer Bewegungskunst, die unter den Aspekten Bewegungsmeditation, sanftes Körpertraining und Heilgymnastik zu betrachten ist. Die Silben „Tai Chi" (Ursprungsbedeutung: Der Firstbalken des Daches) können mit „das erhabene Letzte" oder mit „das höchste Gesetz" übersetzt werden.

Einst gehörte das Tai Chi Chuan zu den taoistischen Geheimkünsten für einige wenige Eingeweihte. Seitdem die chinesische Regierung jedoch in den fünfziger Jahren das Tai Chi Chuan öffentlich gefördert und verbreitet hat, praktizieren es Millionen Chinesen und in den letzten zwei Jahrzehnten auch zahlreiche Europäer und Nordamerikaner. Seit etwa zehn Jahren beginnt das Tai Chi Chuan sich auch in der Bundesrepublik, in der Schweiz und in Österreich zu entwikkeln, und es ist eine ähnliche Verbreitung wie beim Yoga absehbar.

Tai Chi Chuan (Chuan = Faust) kann auch als Selbstverteidigung ausgeübt werden. Doch das verbreitetste Motiv, Tai Chi regelmäßig zu praktizieren, liegt im hohen Gesundheitswert seiner langsamen, fließenden Bewegungen und seiner heilgymnastisch wirksamen Körperhaltungen. Sicherlich ist hierin auch eine Form der Selbstverteidigung zu sehen. Der Übende verteidigt seine Gesundheit gegenüber den krankmachenden Einflüssen des Lebens.

Die erste Voraussetzung ist, daß das Tai Chi Chuan ihn zunächst einmal ganz auf seinen Körper zurückwirft. Eine der wichtigsten Gesundheitswirkungen des Tai Chi ist, wieder zu lernen, ganz in seinem Körper zu sein. Des weiteren existieren sportmedizinische Untersuchungsergebnisse, die belegen, daß eine regelmäßige Anwendung des Tai Chi Chuan zu mehr Alltagsgesundheit führt:

„Für Mediziner und Sportler von besonderem Interesse sind einige neulich abgeschlossene Testreihen und Untersuchungen, an denen Personen teilnahmen, die langjährig Tai Chi Chuan ausgeübt hatten. Zwei Gruppen von im allgemeinen gesunden Menschen im Alter von 50 bis 89 Jahren wurden gebildet, eine davon hatte Tai-Chi-Chuan-Erfahrung, die andere nicht. Gruppe A (die Schattenboxer) bestand aus 32 Personen, die Kontrollgruppe aus 56 Personen. Es zeigte sich, daß die Probanden der Gruppe A über eine stärkere Physis verfügten, was sich darin ausdrückte, daß die Durchblutung der Herzkranzgefäße, ihre Atmung, ihr Knochenbau und ihr Stoffwechsel viel besser beschaffen waren als die der Kontrollpersonen."* Wir empfinden es auch als ausgesprochen gesund, daß uns das Tai Chi in einer Weise zu unserem Körper zurückführt, die voller Achtung und Behutsamkeit gegenüber unseren leiblichen Bezügen ist. Dahinter steckt die gleiche Geisteshaltung, die auch in der tiefen Spiritualität der Chinesen gegenüber ihren äußeren ökologischen Bezügen zum Ausdruck kommt. Daher verstehen wir das Tai Chi Chuan als ein leibökologisches Körpererfahrungssystem. Wenn innere und äußere Ökologie in Harmonie sind, kann sich Gesundheit ausleben. Auch wenn wir nur langsam bei der Erhaltung unserer natürlichen Umwelt vorankommen, können wir doch gleichzeitig sehr viel für die Ökologie unseres Körpers tun.

Hinter dem Tai Chi Chuan steht zwar eine spirituelle Orientierung im soeben beschriebenen Sinne, aber es ist an keine Religion gebunden. Wir erkennen im Gedankengut und auch in der Bewegungsstruktur des Tai Chi Chuan Grundmerkmale der taoistischen Philosophie wieder. So ist das Sich-Üben im Tai Chi eine Bewegungsaktivität, die durch die Polarität der Prinzipien Yin und Yang gekennzeichnet ist.

** Zitat aus: China im Aufbau (Hrsg.): Schattenboxen leicht gemacht. S. 22.*

Jeder leichten Anspannung der Muskulatur folgt die Entspannung. Jedem Sich-Öffnen folgt eine Bewegung des Sich-Schließens. Aus jedem Vorwärtsgleiten ergibt sich im Tai Chi Chuan der Rückzug und umgekehrt. Einer Bewegung nach rechts folgt die Bewegung nach links. Tai Chi Chuan ist der meditative Tanz im Rhythmus von Yin und Yang – eine Yin-Yang-Bewegungskunst. Das, was innerhalb und außerhalb von uns als natürlicher Rhythmus existiert, findet seinen Ausdruck in dem auf Polarität angelegten Bewegungsrhythmus des Tai Chi Chuan.

Die Übungspraktiken des Tai Chi Chuan

Das Tai Chi Chuan – wie wir es heute vorfinden – existiert noch gar nicht so lange. Allerdings gab es in China bereits vor über 3000 Jahren Übungssysteme, die auf ähnlichen Prinzipien beruhten. Sie können als historische Bewegungsformen betrachtet werden, aus denen das Tai Chi Chuan hervorging. Ähnliche Bewegungsformen tauchen wieder in einem gut 400 Jahre alten Lehrwerk auf, in dem ein Ming-General (Qi Jignang) über 16 verschiedene Boxschulen berichtet. Aus diesen verschiedenen Stilen entstand im Laufe zahlreicher Entwicklungsstadien das heutige Tai Chi Chuan.

Ausgehend von der in Zentralchina gelegenen Provinz Henan entwickelten sich verschiedene Tai-Chi-Stile mit ähnlichen Grundprinzipien. Chen Wangling

begründete den ältesten Tai-Chi-Weg, der nach ihm als Chen-Stil bezeichnet wurde. Des weiteren gibt es den Wu-Stil, den Sun-Stil und insbesondere den Yang-Stil, der gegenwärtig die beliebteste und am weitesten verbreitete Art und Weise des Tai Chi Chuan ist. Dieser Stil wurde nach der Tradition der Familie Yang benannt und ist gekennzeichnet durch sanfte, kontinuierlich fließende und recht raumgreifende Bewegungen.
Das Tai Chi besteht – neben den besonders im Westen in den Hintergrund tretenden Selbstverteidigungspraktiken – aus Partnerübungen („Tui Shou" oder englisch: „Pushing Hands"), den atemtherapeutischen Übungen („Chi Kung") und den Solo-Übungen, auch Tai-Chi-Formen genannt.
Tai-Chi-Formen sind festgelegte Bewegungsabläufe, deren Bewegungsbilder und Motive aus Selbstverteidigungsbewegungen, Tiermotiven oder Arbeitshandlungen abgeleitet sind. Alle Bewegungen sind rund, gehen fließend ineinander über und werden in einer tiefen Haltung mit aufrechtem Rückgrat durchgeführt. Es gibt hierbei unterschiedlich lange Bewegungssysteme. So gibt es im Tai-Chi-Stil der Familie Yang „Formen" mit 24, 48 und 88 unterschiedlichen Bewegungsbildern. Davon ist die „Peking-Form" mit 24 unterschiedlichen Bewegungsbildern am weitesten verbreitet. Sie dauert je nach Bewegungstempo zwischen vier und fünf Minuten und kann mehrmals wiederholt werden, so daß sie die gleiche Wirkung wie eine der längeren „Formen" hat.
Aber auch das Erlernen und Hineinfinden in die „Peking-Form" ist für einen Tai-Chi-Anfänger oftmals eine Überforderung – vor allem dann, wenn er mit zuviel Ehrgeiz an die Übungen herangeht. Es hat sich als sinnvoll erwiesen, das Erlernen des Tai Chi Chuan nicht sogleich mit einer derart komplexen und differenzierten Form zu beginnen. Oftmals quälen sich Anfänger recht mühselig durch die verschiedenen Bewegungsabläufe des Tai Chi, und auf der Strecke bleiben das Bewegungsgefühl und die meditativen Aspekte. Daher wird das Tai Chi in der Regel mit Hilfe etwas einfacherer Bewegungungssysteme eingeführt, die aber dennoch die gleichen Haltungs- und Bewegungsprinzipien wie die größeren und schwierigeren Tai-Chi-Formen besitzen.
Eines der wichtigsten Bewegungssysteme, das zur Einführung in das Tai Chi Chuan verwendet wird, ist die „achtfache elegante Bewegungsreihe", das Pa Tuan Chin. „Pa" verweist auf „acht"; „Tuan" bedeutet „Abschnitt" oder „Teil", und „Chin" kann mit „Wandverkleidung" oder „Brokat" übersetzt werden. Daher wird die „achtfache elegante Bewegungsreihe" auch die „acht Brokaten" („Eight Brocades") genannt. Hinter allen diesen Bezeichnungen verbirgt sich das gleiche Übungssystem, das allerdings auch wiederum in verschiedenen Versionen entstanden ist. Es gibt zwei Interpretationen, warum das Pa Tuan Chin diesen Namen bekommen hat. Angeblich sollen die Übungen auf Brokatstoff aufgezeichnet überliefert worden sein.

Eine andere Interpretation meint, daß die acht Brokaten nach dem Brokatstoff benannt wurden, da ihre Bewegungen so elegant und so kostbar wie Brokatstoff seien.

Das Pa Tuan Chin besteht aus acht in sich abgeschlossenen kleineren Bewegungssystemen, deren Bewegungsfolgen aus der Tai-Chi-Grundhaltung heraus vorgenommen werden. Sie beachten sehr sorgfältig das Prinzip von Yin und Yang. So kann über die acht Brokaten der fließende Wechsel von Anspannung und Entspannung besonders gut erlernt werden. Alle Bewegungen sind mit dem Atem koordiniert und helfen somit, innere und äußere Bewegung in Harmonie zu bringen. Regelmäßig durchgeführt haben sie vielfältige Gesundheitswirkungen, die im einzelnen bei jeder der acht Übungen aufgeführt werden. Allen Übungen ist das Wissen um heilgymnastische Prinzipien und besonders um die Entspannungswirkung eines kontinuierlich und sanft erfolgenden Tonuswechsels gemeinsam. Vieles, was wir in den vorhergehenden Kapiteln aufgebaut haben, findet hier seine Bestätigung, Fortführung und Intensivierung. Das Pa Tuan Chin ist eine der vielseitigsten und dennoch sehr einfach zu erlernenden Bewegungsfolgen aus dem Bereich des Tai Chi. Wir möchten es dem Leser zur regelmäßigen Anwendung sehr nahelegen.

Die „Achtfache elegante Bewegungsreihe"

Die „achtfache elegante Bewegungsreihe" ist ein Tai-Chi-System, das noch älteren Ursprungs ist als die komplexeren Formen, die heutzutage als Yang-, Chen-, Wu- und Sun-Stil praktiziert werden. Es existieren verschiedene Versionen des Pa Tuan Chin. Die älteste ausgearbeitete Version wird im Sitzen durchgeführt und stammt aus der Zeit der Tang Dynastie (618–907). Doch es gibt auch Aufzeichnungen von Vorläufersystemen, die noch vor der Zeitenwende entstanden sind.

Figuren im Sitzen
Ältere Version der achtfachen eleganten Bewegungsreihe

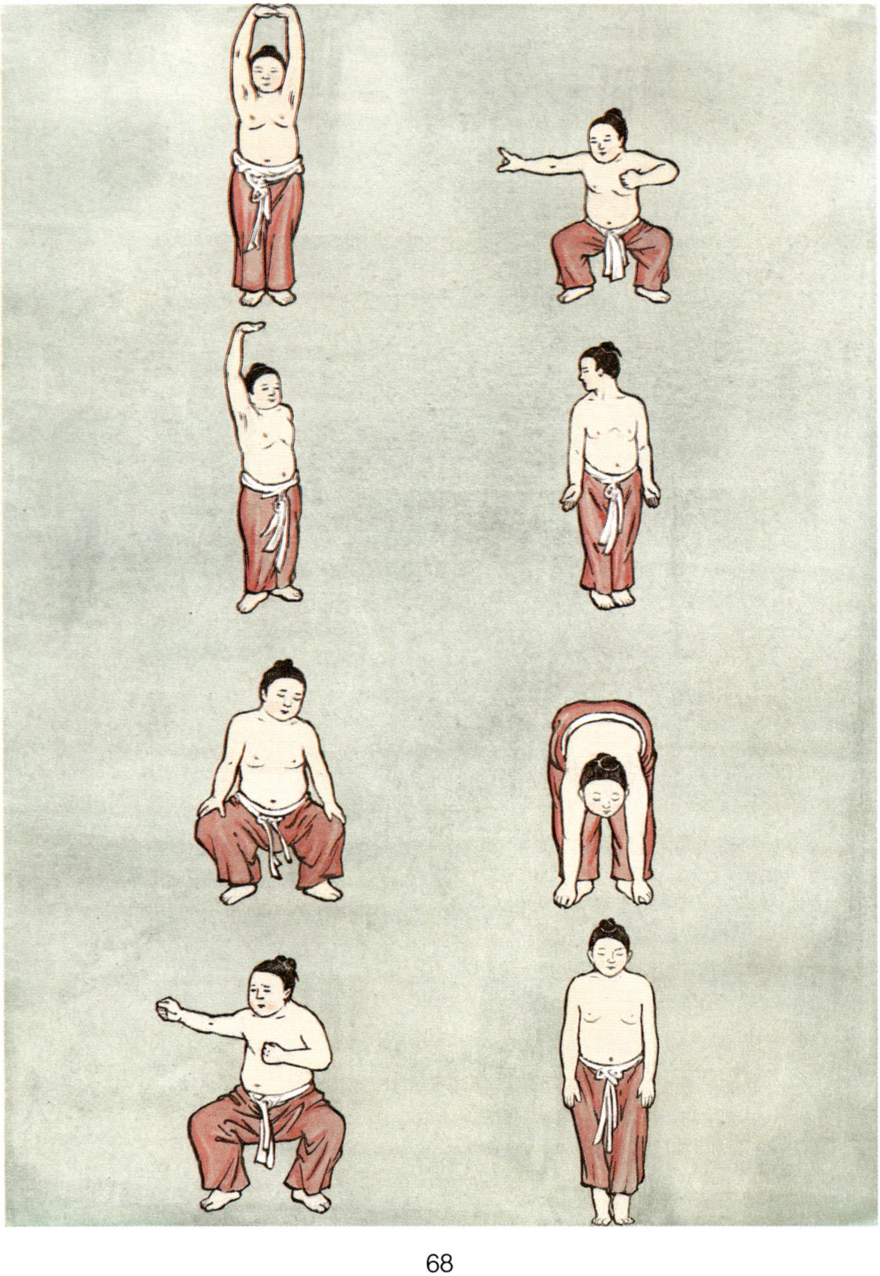

Die hier dem Leser zu vermittelnde Brokat-Methode orientiert sich sehr stark an der von Professor Zhuo Dahong nach medizinischen Gesichtspunkten aufgebauten und ergänzten Übungsreihe. Im Laufe der Jahre haben wir diesen achtfachen Übungssatz etwas modifiziert und verfeinert. Wir haben inzwischen Hunderten von Kursteilnehmern die acht Brokaten vermittelt und wissen, daß sie von vielen regelmäßig praktiziert werden. Wir wissen auch, daß hierdurch ein Stein ins Rollen gekommen ist, da viele ehemalige Kursteilnehmer die „achtfache elegante Bewegungsreihe" wieder anderen beigebracht und weitergegeben haben, was wir sehr gut finden. Eine Bewegungskultur kann sich nur verbreiten, wenn möglichst viele Schüler wiederum zu Lehrern werden. Uns geht es eben nicht um eine esoterische Lehre, sondern um ein gesundes Bewegungssystem, an dem möglichst viele Menschen teilhaben sollten.

So mancher hat auch noch die „achtfache elegante Bewegungsreihe" für seine tägliche Übungspraxis beibehalten, nachdem er in die komplexeren Tai-Chi-Formen eingeweiht war. Uns geht es ähnlich: Auch wenn wir jeden Tag die komplexeren Formen praktizieren, wie die „Peking-Form" und die „Lange Form" des Yang-Stils, so kehren wir doch immer wieder gern zu den acht Brokaten zurück.

Daher ist die „achtfache elegante Bewegungsreihe" ein Einstieg in den Bereich des Tai Chi Chuan, besitzt aber dennoch ihre eigene Qualität, auf die wir nicht verzichten möchten.

Figuren im Stehen
Eine weitere Version der acht Brokaten ähnelt schon sehr unserem hier vorzustellenden Übungssystem.

Grundpositionen

Es kommen im Laufe der acht Brokatübungen drei verschiedene Ausgangsstellungen vor, die sich vor allem durch die unterschiedliche Standweite voneinander unterscheiden.

Ausgangsstellung „Bär" (1., 3., 4., und 6. Brokate)

Dies ist die bereits erarbeitete Tai-Chi-Grundhaltung, bei der die Füße schulterbreit und parallel stehen. Du stehst eingesunken in den Knien, mit ausbalanciertem Becken und gestrecktem Rücken. Die Schultern drücken Gelassenheit aus und sind auf keinen Fall hochgezogen oder nach vorn gebeugt. Die Arme befinden sich leicht abgewinkelt, aber dennoch locker, an der Seite des Körpers (Abb. 52). Der Bauchraum ist entspannt, und die innere Aufmerksamkeit ruht im Tan Tien.

Abb. 52

Ausgangsstellung „Pferd" (2., 5., und 7. Brokate)

Die Füße stehen in einer sehr breiten Stellung. Sie brauchen nicht exakt parallel zueinander zu stehen, sollten aber auch nicht zu weit mit den Fußspitzen nach außen gewendet werden. Die Unterschenkel bauen sich so senkrecht auf den Fußgelenken auf, wie dies ohne größere Schwierigkeiten möglich ist. Die Knie sind nach außen hin geöffnet. Die Beinhaltung entspricht in etwa dem Sitz auf einem Pferderücken (Abb.53). Es ist eine sehr tiefe und geerdete Körperhaltung, die man anfangs noch nicht sehr lange und ausdauernd einnehmen kann. Becken und Oberkörper werden genauso stabil und aufrecht wie bei der Stellung „Bär" gehalten.

Abb. 53

Ausgangsstellung „Adler" (8. Brokate)

Diese Stellung unterscheidet sich von den vorherigen Positionen dadurch, daß die Füße näher beieinander stehen. Sie haben eine Standbreite von fünf bis zehn Zentimetern. Daher ist dies auch die Stellung, bei der Körperschwerpunkt relativ hoch angesetzt ist.

Anfangs kann man alle Grundpositionen nur über einen kürzeren Zeitraum einnehmen. Nach einigen Wochen des Übens aber wirst du merken, daß du sie als sehr bequem und wohltuend empfinden kannst. Ausgelöst wird dieses recht angenehme Gefühl durch die bereits angesprochene heilgymnastische Wirkungsweise der Tai-Chi-Grundhaltung. Die Schwerpunktverlagerung nach unten bewirkt, daß der Druck im ansonsten so strapazierten Lendenwirbelbereich teilweise in die Oberschenkel hinunterverlagert wird. Die Lendenwirbel werden entlastet und können „aufatmen". Die Streckung des gesamten Rückgrats bewirkt zudem eine Entlastung der Wirbelsäule, vermindert die zur Haltung der Wirbelsäule erforderliche Energie und schafft günstigere Bedingungen für die Atmung.

Brokat-Namen

Die einzelnen Brokatübungen tragen jeweils einen eigenen Namen, der typisch für die jeweilige Sequenz ist. Diese Namen variieren von Version zu Version. Wir verkürzen des weiteren die Brokatbezeichnungen, die zum Teil recht schwierig zu merken sind, auf den Kern ihrer Aussage. Die gewählten Bezeichnungen bleiben eher im Gedächtnis und präsentieren dennoch die Intention des Namengebers. Die ausführlichen Übungsbezeichnungen sind im Anhang zu finden.

Übungshäufigkeit

Die Übungen sollten so oft wie möglich wiederholt werden. Genauere Übungsanweisungen werden in der Regel nicht gegeben. Wir meinen, daß die Grenze von Übungshäufigkeit und -intensität durch das subjektive Befinden gesetzt werden sollte. In der Regel wird es ausreichen, die Brokaten jeweils drei- bis siebenmal durchzuführen. Die „achtfache elegante Bewegungsreihe" sollte möglichst täglich angewendet werden, wenn man ihre Wirkung entfalten möchte.

Gesundheitswirkungen

Die bereits erläuterte heilgymnastische, atemtherapeutische und vegetative Wirkungsweise des Pa Tuan Chin gilt für alle acht Übungen und wird im Einzelfall nicht mehr erläutert werden. Es werden zu jeder einzelnen Brokatübung nur noch diejenigen Gesundheitswirkungen erwähnt, die aus ihrer besonderen Eigenart heraus erwachsen.

Bewegungsprinzipien

Alle Bewegungsabläufe der acht Brokaten werden in Zeitlupe – langsam und fließend – ausgeführt. Es steht genügend Zeit zur Verfügung, seine Aufmerksamkeit in jede einzelne Phase der Bewegung hineinzugeben. Alle Druck- oder Schub-Bewegungen werden mit innerer Kraft ausgeführt. Man kann dies begünstigen, indem man sich vorstellt, gegen einen leichten Widerstand zu drücken oder zu schieben. Die Kraft, die hierfür aufgewendet wird, steht über die binnenkörperliche Aufmerksamkeit und Zentrierung in Verbindung mit dem Tan Tien.
Dehnungen werden sanft vorgenommen und gleiten bruchlos über in die Entspannung. Die Bewegungen sind mit dem Atem koordiniert.

Atmung

Die Atmung erfolgt bei allen acht Brokaten nach dem gleichen Prinzip: Dehnung und Öffnung des Atemraums sind mit dem Einatmen verbunden. Die muskuläre Entspannung und die Normalisierung des Atemraumvolumens werden von der Ausatmung begleitet. Die Parallelität von Ausatmung und Muskelentspannung verstärkt den beruhigenden Einfluß auf die psychovegetative Organisation des Menschen. Mit jeder Ausatmung in die Entspannung der Muskulatur hinein erhält der Erholungsnerv (Parasympathicus) einen unterstützenden Impuls. Hieraus resultiert insbesondere die Entspannungswirkung dieses Übungssystems.
Grundsätzlich wird sanft, aber doch das gesamte Atemvolumen nutzend, ein- und ausgeatmet. Man sollte vermeiden, zu pressen, die Luft anzuhalten oder in einer anderen Form unregelmäßig zu atmen. Jede Bewegungssequenz ist mit Ein- oder Ausatmung verbunden. Wir werden die genaue Atemweise während der einzelnen Bewegungsphasen deutlich machen. Wir kennzeichnen jede Bewegung mit einem Symbol, das deutlich macht, wie hier zu atmen ist.

○ = Einatmen
✳ = Ausatmen
❃ = Umkehrpunkt des Atems

Suche dir zum Üben einen Platz an der frischen Luft. Wenn du im Raum übst, öffne möglichst das Fenster, wenn von dort frischere Luft zu erwarten ist.

Die achtfache elegante Bewegungsreihe – Beschreibung der Übungssequenzen

1. Brokate

Den Himmel mit den Händen stützen

○ ✳ ○ ✳

Nimm bitte die Ausgangsstellung „Bär" ein und zentriere dich auf den Tan Tien.

○

Aus der Zentrierung heraus beginnt die Bewegung. Die Arme steigen seitwärts hoch. Die Hände zeigen mit den Handinnenflächen nach oben.

⊛

Die Hände treffen sich über dem Scheitel und werden ineinander gefaltet. Die Arme sind hierbei gestreckt.

○

Die gefalteten Hände werden nach oben geführt, bis die Arme durchgestreckt sind. Gleichzeitig streckst du dich in den Beinen bis zum Fußzehenstand.

✳

Die gefalteten Hände sinken zum Kopf hinunter, ohne ihn allerdings zu berühren. Du sinkst etwas in den Knien ein.

✳

Oben angekommen, löst du die Hände wieder und läßt sie leicht angewinkelt seitlich hinabsinken.

❀

Du kommst zurück in die Ausgangsstellung, entspannst die Hände, und die Bewegung beginnt, ohne eigentlich geendet zu haben, aufs neue.

Wirkungsweise:
Diese Übung hilft, die Lungenkapazität zu erweitern und allgemeine Müdigkeit zu vertreiben. Sie stärkt die Rückenmuskulatur und wirkt sich ausgleichend aus bei einer Neigung zum Rundrücken und nach vorn gezogenen Schultern. Verspannte Schultern werden gelokkert. Der Magen und weitere innere Organe werden durch die mit dem Atem verbundenen Streckungs- und Dehnungsübungen stimuliert, so daß die Verdauung angeregt und verbessert wird.

Gruppenbild der 1. Brokate

2. Brokate

Den Adler schießen

○ ✳ ○ ✳

Nimm die Ausgangsstellung „Pferd" ein und zentriere dich auf den Tan Tien. Achte darauf, daß dein Rückgrat möglichst senkrecht ist.

○ ✳

Hebe beide Hände an und führe sie vor der Brust in die Überkreuzung. Die Handinnenflächen zeigen zur Brust. Die linke Hand ist innen, und die rechte Hand ist außen in der Überkreuzung. Bleibe während des Ausatmens in dieser Position und entspanne noch einmal sehr bewußt den Bauchraum.

○

Führe die linke Hand zur Seite, wende den Kopf gleichzeitig nach links. Parallel treibt die rechte Hand zur rechten Brustseite.

⊛

Die linke Hand – die Bogenhand – formt mit Daumen und Zeigefinger ein „V". Die rechte Hand zieht die Bogensehne vor der rechten Brusthälfte an. Du schaust durch das „V" der linken Hand konzentriert auf einen Punkt in der Ferne, den dein Pfeil erreichen soll. Mit dem Beginn des Ausatmens löst du sowohl die entstandene Anspannung der Hand als auch die Konzentration des Blicks.

✳

Die beiden Hände treiben zur Mitte zurück. Hierbei wird nur ein Minimum an Anspannung in den Händen und Armen gehalten. Auch der Kopf wird langsam in seine Ausgangshaltung zurückgeführt.

⊛

Die Hände kehren in die Überkreuzung zurück. Diesmal ist die rechte Hand innen und die linke außen (jeweils die in der nächsten Sequenz vorgesehene Bogenhand ist innen in der Überkreuzung). Ohne Bewegungsstop beginnt die Bewegung mit dem Einatmen von neuem – jetzt aber zur rechten Seite hin.

Wirkungsweise:
Diese Übung verbessert die Atemarbeit und stärkt das Herzkreislaufsystem. Sie kräftigt die Muskulatur der Brust, der Arme und der Schultern. Des weiteren steigert die 2. Brokate die Konzentrationsfähigkeit, ist besonders geeignet für den Abbau nervöser Störungen und hilft gegen Schlaflosigkeit.

Gruppenbild der 2. Brokate

3. Brokate

Die Hände heben

○ ✳ ○ ✳

Du beginnst diese Übung aus der Ausgangsstellung „Bär" heraus. Zentriere dich auf den Tan Tien.

○ ✳

Mit dem Ausatmen steigen beide Hände ungefähr bis auf die Höhe des Solarplexus hoch.

○

Die Hände trennen sich. Die Linke wird nach oben und die Rechte abwärts seitlich neben die rechte Hüfte geführt.

❁

Dies ist der Moment der maximalen Streckung und der Umkehrpunkt des Atems und der Bewegung. Die linke Hand ist seitwärts über den Kopf gerichtet. Die Finger der rechten Hand zeigen nach vorn. An diesem Umkehrpunkt gibt es keinen Bewegungs- oder Atemstillstand, sondern nur einen neuen Beginn. Yang geht fließend in Yin über.

Wirkungsweise:
Die 3. Brokate dehnt die Brust- und die seitliche Rumpfmuskulatur. Des weiteren wirkt sie massierend auf den Verdauungstrakt und stärkt dessen Funktionen.

✳

Die Hände treiben nun im leichten Bogen zur Mitte zurück, treffen sich auf der Höhe des Solarplexus, und die Bewegung beginnt von neuem. Nur wird diesmal die rechte Hand gehoben, und die linke wandert nach unten.

❁

Gruppenbild der 3. Brokate

4. Brokate

Mit Verachtung hinter sich blicken

○ ✳ ○ ✳

Nimm wiederum die Ausgangsstellung „Bär" ein. Zentriere dich hinunter zum Tan Tien.

○

⊛

Du drehst die Hände mit den Handinnenflächen nach oben und hebst die Arme bis auf Schulterhöhe an.

✳

❁

Nun wendest du die Hände mit den Handinnenflächen nach unten und senkst die Arme wieder. Stelle dir hierbei vor, du würdest den leichten Widerstand eines Energiepolsters spüren, das du mit den Händen hinunterdrückst. Gleichzeitig wendest du den Kopf nach links und schaust nach hinten über die Schulter. Achte darauf, hierbei auszuatmen. Wende den Kopf nur so weit seitlich nach hinten, wie es ohne Schwierigkeiten durchführbar ist.

❁

Unten angekommen, wendest du die Hände wieder mit den Handinnenflächen nach oben und läßt sie bis auf Schulterhöhe hochtreiben. Gleichzeitig wendest du langsam und stetig den Kopf wieder nach vorn. Nun beginnt die Kopfbewegung nach rechts, das Wenden der Hände und die erneute Armbewegung nach unten.

Wirkungsweise:
Diese Übung stärkt die Augenmuskeln und die Nackenmuskulatur. Des weiteren verbessert sie die Durchblutung des Gehirns. Vegetative Überspannung wird abgebaut.

Gruppenbild der 4. Brokate

5. Brokate

Das Gesäß schwenken und das Feuer aus dem Herzen vertreiben

○ ✳ ○ ✳

Nimm die breite Ausgangsstellung „Pferd“ ein. Achte auf eine Senkrechtstellung des Rückens. Beachte vor allem, daß in der Ausgangsposition das Gesäß nicht nach hinten herausragt. Wenn du die Beckenstellung entsprechend reguliert hast, dann beginne, dich auf den Tan Tien hin zu zentrieren.

○ ✳

Nun hebst du mit dem Einatmen die Hände etwas an und greifst mit ihnen so auf die Oberschenkel, daß die Daumen jeweils nach hinten und die anderen Finger nach vorn zeigen. Atme anschließend auch noch in dieser Position aus.

○

Bewege hiernach das Becken nach hinten und mache einen „Entenpo". Gleichzeitig senkst du Kopf und Oberkörper nach vorn, indem du in der Hüfte langsam abknickst.

○

Wie immer beginnen wir die Bewegung zuerst nach links. Kopf und Oberkörper wenden sich nach links zur Seite, und gleichzeitig wird das Becken nach rechts hinten verschoben. Also machen Oberkörper und Becken eine entgegengesetzte Bewegung in der Diagonalen. Du wendest hierbei den Blick nach unten und schaust auf die Stelle links neben deinen linken Fuß.

✳ ❃

Nun kehrst du wieder in die Ausgangshaltung zurück, indem du das Becken wieder zur Mitte, nach vorn, bringst und dich aufrichtest. Mit dem nächsten Einatmen beginnt die gleiche Bewegung zur rechten Seite.

Wirkungsweise:

Die 5. Brokate bearbeitet insbesondere den Beckenbereich. Richtig durchgeführt ist sie geeignet, Verspannungen im unteren Körperbereich zu lösen und hier für Geschmeidigkeit zu sorgen. „Das Feuer aus dem Herzen vertreiben" heißt nicht, daß nun die Liebe aus dem Herzen verschwindet, sondern meint in der Symbolsprache der Chinesen, daß die Übung so entspannend wirken kann, daß sich der im Herzen aufgestaute Ärger mindern oder sogar auflösen kann.

Gruppenbild der 5. Brokate

6. Brokate

Die Füße mit den Händen fassen

○ ✳ ○ ✳

Nimm die Ausgangsstellung „Bär“ ein und zentriere dich auf den Tan Tien.

○

❁

Du hebst die Arme bis auf Schulterhöhe an und spannst zum Abschluß dieser Bewegung die Hände kurz an.

✳

Du läßt Hände und Arme wieder locker und sinkst mit dem Oberkörper nach unten, bis die Hände den Boden berühren. Hierzu beugst du etwas die Knie.

○

Nun streckst du die Beine, ohne die Hände von den Füßen zu lösen. Streck die Beine soweit durch, wie es dir im gegenwärtigen Dehnungszustand ohne Schwierigkeiten möglich ist.

✳

Hiernach sinkst du in dich zusammen und löst die Hände von den Füßen. Du befindest dich in einer tiefen Hockstellung.

○

Du richtest dich Wirbel für Wirbel auf, bis du wieder aufrecht stehst. Die Hände treiben vor dir hoch bis auf die Höhe des Solarplexus.

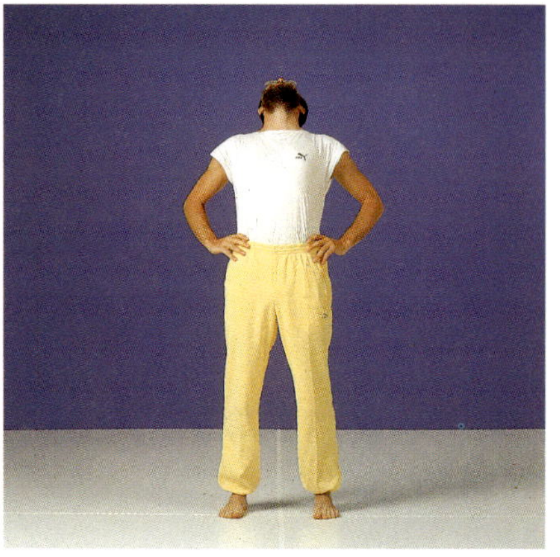

○

Du streckst dich nach oben und ein wenig nach hinten. Der Blick geht nach oben.

✳

Die Hände senken sich ab und werden auf die Hüfte aufgesetzt.

✳ ❃

Du sinkst mit dem Ausatmen wieder in den Knien ein und kehrst mit dem Oberkörper in die Ausgangsstellung zurück. Die Bewegung beginnt – ohne Pause – wieder von neuem. Du atmest ein und hebst die Arme an.

Wirkungsweise:
Die Übung ist zur Regulation eines zu niedrigen Blutdrucks geeignet. Bei Personen, die unter zu hohem Blutdruck oder unter Arteriosklerose leiden, sollte allerdings der Kopf in der Beugung nicht zu weit nach unten abgesenkt werden. Durch die regelmäßig erfolgenden Beugungen und Streckungen wird die Tätigkeit des Zwerchfells beim Atmen unterstützt. Des weiteren hat die Übung aufgrund ihrer Anforderungen an das Dehnungsvermögen des ganzen Körpers einen besonderen gymnastischen Wert. So wird sowohl die Vorder- als auch die Hinterseite des Körpers gedehnt.

Gruppenbild der 6. Brokate

7. Brokate

Die Fäuste schließen, die Augen funkeln

○ ✳ ○ ✳

Nimm die breite Ausgangsstellung „Pferd" ein. Zentriere dich auf den Tan Tien.

○

Mit dem Einatmen schließt du die Hände zu einer weichen Faust und führst die Fäuste an die Hüfte. Du nimmst hierbei die Ellenbogen nach hinten und ziehst die Schultern etwas zurück, so daß sich der Brustraum öffnet. In dieser Haltung atmest du auch aus.

○

Nun beginnst du wie immer die Bewegung zur linken Seite. Du hebst den linken Arm und beginnst, den Kopf nach links zu wenden.

⊛

Du hebst die Faust auf Schulterhöhe und fixierst über den Handgelenkrücken hinweg einen Punkt in der Ferne. Achte hierbei darauf, daß die Schultern unten bleiben. Du winkelst gleichzeitig die Faust nach unten ab.

✳

Nun läßt du den Blick wieder los und entspannst gleichzeitig die – durch das Absenken der Faust – etwas angespannte Muskulatur des Unterarms. Du wendest den Kopf langsam zur Mitte und bringst die Faust zurück zur Hüfte. Nun kann die Bewegung zur anderen Seite mit dem rechten Arm erfolgen.

Wirkungsweise:
Diese Übung bewirkt eine Senkung zu hohen Blutdrucks und verbessert die Blutzirkulation. Sie trainiert die Nacken- und Rückenmuskulatur auf eine sanfte Art und Weise. Des weiteren befreit sie den oberen Atemraum von der ihn einschnürenden Muskulatur, indem in der Ausgangsstellung durch die Rücknahme der Schultern und der Ellenbogen die Brustmuskulatur gedehnt wird.

Gruppenbild der 7. Brokate

8. Brokate

Den Rücken strecken und 100 Krankheiten vertreiben

○ ✳ ○ ✳

Nimm die 3. Ausgangsstellung, die Stellung „Adler", ein.
Zentriere dich auf den Tan Tien.

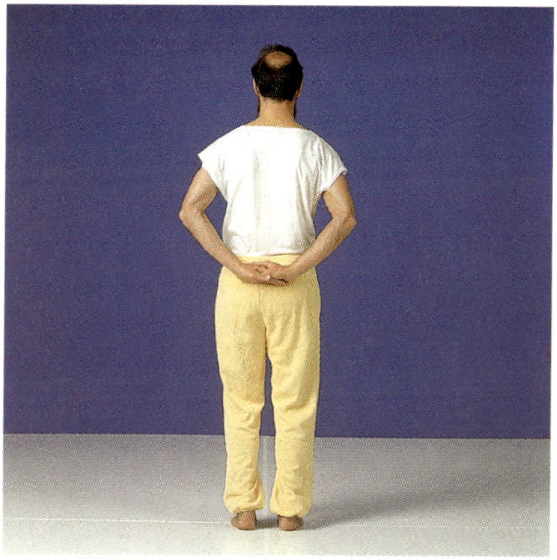

○ ✳

Mit dem Einatmen führst du beide Hände hinter den Rücken und legst sie übereinander. Die Handinnenflächen schauen nach unten, wobei die rechte Hand über der Linken liegt. Die Daumen sind ineinander verhakt. Die Arme sind angewinkelt. Du atmest auch in dieser Position noch aus.

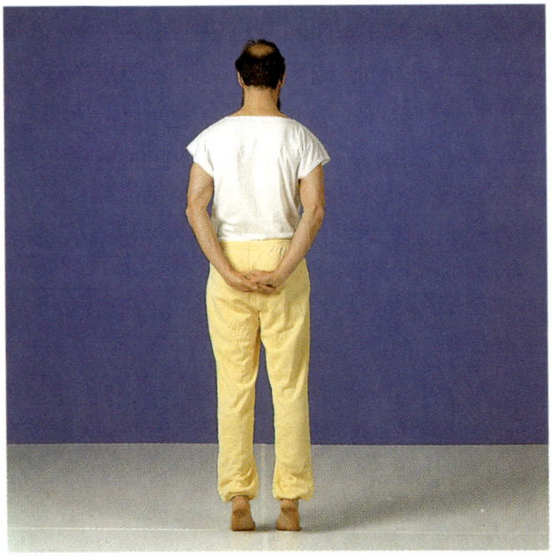

○

Mit dem Einatmen streckst du dich in die Höhe. Hierbei gehst du allmählich auf die Zehenspitzen und streckst dich besonders im Nackenbereich. Dies kannst du erreichen, indem du das Kinn ein wenig hinunter zur Brust absenkst. Während dieser Streckungsbewegung des ganzen Körpers werden die Arme gleichzeitig langsam durchgedrückt. Hierbei stellst du dir vor, daß die Hände gegen einen imaginären Widerstand nach unten drücken.

✳

Mit dem Ausatmen sinkst du allmählich wieder in deine Ausgangsstellung zurück. Führe diese Übung – ebenso wie alle anderen Brokaten – solange aus, wie sie Dir Freude bereitet und wohltut.

Wirkungsweise:
Die letzte Brokate arbeitet zum Abschluß noch einmal den gesamten Körper streckend und dehnend durch. Hierdurch werden Versteifungen und Verspannungen gelöst, und die Blutzirkulation wird angeregt. Die Muskulatur, die bisher nicht angesprochen wurde, wird abschließend noch einmal in das Übungssystem einbezogen.

Gruppenbild der 8. Brokate

Die Tai-Chi-Bewegungsfolge „Zwischen Himmel und Erde“

Philosophischer Hintergrund

Das Tai Chi Chuan betont den natürlichen Lebenszusammenhang des Menschen. Der Taoismus hat die Chinesen gelehrt, im Einklang mit der Natur zu leben. Entsprechend sind die Tai-Chi-Bewegungsfolgen auch aufgebaut. Langsame, fließende Bewegungen, deren Qualität vergleichbar mit vorbeiziehenden Wolken oder einem träge dahinfließenden Fluß ist. Es wird nur ein Minimum an Muskelkraft, sogenannter „äußerer Kraft“, aufgewendet, um die Schwerkraft zu überwinden. Dennoch sind die Tai-Chi-Bewegungen nicht schlapp, sondern eine nur schwer rational faßbare „innere Kraft“ gibt ihnen ihre Entschiedenheit und Vitalität. Es gibt viele Interpretationen und Deutungen dieses Phänomens über die „innere Kraft“ – dem „Chi“, das sich im unteren Bauchraum, dem „Meer der Energie“, sammelt. Die Chinesen fassen jedoch eindeutig das „Chi“ des Menschen als einen Bestandteil der universalen Energie des gesamten Kosmos auf. Die Energie, die dem Makrokosmos Leben gibt, ist auch im Mikrokosmos, dem Menschen, enthalten. Auch hier ist der Mensch ein integrierter Bestandteil im natürlichen Kontext seiner Umwelt.
Weitere Erklärungsversuche fassen den Begriff des „Chi“ als ein Modell auf. „Chi“ sei nicht zu vergleichen etwa mit einer physikalischen Energie, sondern das Modell für die Funktionsweise des gesamten Organismus. Wenn alle Funktionen des Menschen miteinander und mit ihrer Umwelt in Harmonie sind, dann ist das „Chi“ in Ordnung und kann frei fließen. Ein freier Fluß des „Chi“ aber ist die Voraussetzung für Gesundheit und Lebendigkeit.
Das Tai Chi Chuan ist ein meditatives Bewegungssystem, das den freien Fluß des „Chi“ fördert und stimuliert. Die Haltungen und Bewegungen des Tai Chi reinigen die Energiebahnen, damit das „Chi“ – um im Bild zu bleiben – ungehindert zirkulieren kann. Ein gutes Indiz für das Wohlbefinden in diesem Sinne ist ein warmes Prickeln und Strömen, das die sehr aufmerksam durchgeführte Tai-Chi-Übung begleiten kann. Dieses Wärmeerleben kann besonders dann eintreten, wenn der Übende sich vorher sehr gut auf seinen Tan Tien zentriert hat und aus dieser Zentrierung heraus die Übungen beginnt. Je weniger sich mit äußerer und je mehr sich mit innerer Kraft bewegt wird, desto intensiver sind die Strömungserlebnisse während der Tai-Chi-Bewegungen.
Gelingt es dir, dich auf einen Zustand einzulassen, in dem du hellwach nach innen und außen bist, so kannst du die Konzentration auf dein inneres Zentrum

in komplexe Wahrnehmung umschlagen lassen. Du zentrierst dich auf den Tan Tien, spürst deine Mitte, findest zu dir selbst und wirst in diesem Moment offen für alles andere, was dich umgibt. Du nimmst Gerüche wahr, siehst Farben, hörst Geräusche und spürst den Luftzug um dich herum. Deine Zentrierung, deine Aufmerksamkeit sensibilisieren dich auch für die Umwelt in einem Maße, daß du sie auf einmal noch intensiver wahrnehmen kannst. Du bist ganz im Augenblick, in einem meditativen Zustand, den es auch ansonsten soweit wie nur irgend möglich zu entfalten gilt. Das Tai Chi Chuan kann hierbei eine wertvolle Hilfe sein, zu sich und zur Welt zu finden. Und so ist das Tai Chi auch im traditionellen Selbstverständnis empfunden worden.

Wir möchten nun eine weitere Bewegungsfolge aus dem Tai Chi vorstellen, die man mehrmals und ohne Unterbrechungen wiederholen kann. Wenn du ihre Bewegungsbahnen kennst und nicht mehr über ihren Bewegungsverlauf nachdenken mußt, kannst du – ohne es zwingen zu wollen – in einen tiefen meditativen Zustand geraten. Dein „Chi" beginnt zu zirkulieren, und du bist hellwach und fühlst dich wohl.

Diese Übungsfolge nennt sich „Zwischen Himmel und Erde", weil sie die Bewegungen, die für Himmel und Erde stehen, miteinander vereint.

Der Mensch, der nicht geerdet ist, hat den Bezug zu seiner Lebensbasis verloren. Aber auch derjenige, der den Himmel aus den Augen verloren hat, entbehrt wesentlicher Lebensbezüge. Ihm fehlt die Kraft zum Träumen und zur Utopie. Beides, „Erdung" und „den Himmel wahrnehmen", ist Grundlage der Entfaltung menschlicher Existenz. Unsere Bewegungsfolge „Zwischen Himmel und Erde" ist eine meditative Bewegungsgeschichte, die diesen Zusammenhang symbolisiert.

Chinesische Schriftzeichen für Himmel (links) und Erde (rechts)

Bewegungsbeschreibungen

○ ✳ ○ ✳

Du stehst in der schulterbreiten Tai-Chi-Grundstellung und nimmst dir viel Zeit, um die nötige Ruhe, Wachheit und Zentrierung zu erreichen.

⊛

Deine Hände treiben vor dem Becken zusammen, so daß die Handrücken zueinander schauen.

○

Du ziehst die Unterarme bis auf Schulterhöhe hoch. Die Hände sind gelockert, die Fingerspitzen nach unten gerichtet.

○

Die Hände treiben über den Kopf hinaus und teilen sich. Hierbei werden die Handinnenflächen allmählich nach außen gewendet. Es ist eine Bewegung des In-den-Raum-Greifens, die symbolisch für den Himmel steht.

✳

In der seitlichen Abwärtsbewegung zeigen die Hände mit den Handinnenflächen nach unten. Während die Arme abwärts sinken, verlagerst du langsam das Gewicht auf das rechte Bein.

○

Du machst mit dem jetzt freigewordenen linken Fuß einen langsamen und sehr aufmerksamen Schritt nach hinten. Gleichzeitig überkreuzen sich Hände und Unterarme auf der Höhe des Solarplexus. Die linke Hand ist dabei unter der rechten.

⊛

Du verlagerst allmählich das Gewicht nach hinten auf dein linkes Bein und führst die überkreuzten Hände auf der Höhe des Solarplexus zu deinem Körper hin.

✳

✳

Dies ist die Bewegung, die die Erde symbolisiert. Mit dem Vorwärtsschwanken, also der Gewichtsverlagerung auf das rechte Bein, führst du die überkreuzten Hände nach vorn von dir weg und teilst sie wieder. Sie trennen sich und treiben zur Seite. Du kannst dir bei der Erdbewegung vorstellen, daß sie das Einsammeln der Erdenfrüchte, wie Korn, Obst und Nüsse, bedeutet. Die Lösung der Überkreuzung symbolisiert das Austeilen der geernteten Erdenfrüchte an die Mitmenschen.

✳

Dein zurückgestellter Fuß setzt sich während der Bewegung des Austeilens wieder in Schulterbreite neben den rechten Fuß. Die Hände beenden die Austeilungsbewegung und kommen im Bogen wieder zur Ausgangsstellung zurück.

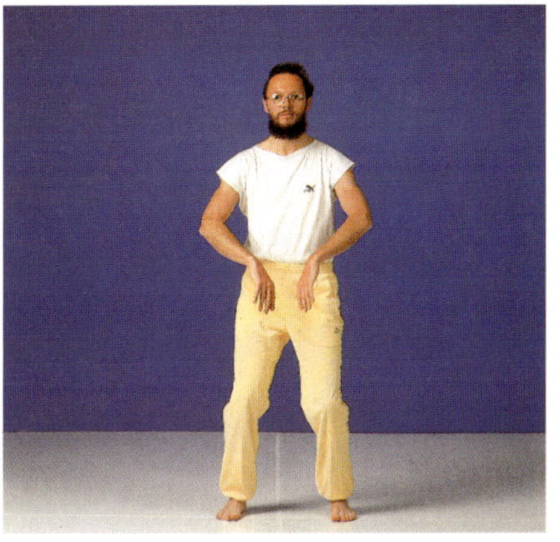

❀

Die Bewegung beginnt von neuem. Diesmal befindet sich die rechte Hand in der Überkreuzung unterhalb der linken Hand, und der rechte Fuß wird zurückgestellt.

Führe diese Bewegung so oft aus, bis sie dich dorthin führt, wo du dich in Harmonie mit Himmel und Erde fühlst.

Wie westlicher Sport von fernöstlichen Bewegungspraktiken lernen kann

Unser hier vertretenes Meditationsverständnis leitet sich aus der Tradition des Zen-Buddhismus ab. Hier wird unter Meditation eine sehr aufmerksame Bewußtseinsqualität verstanden, eine veränderte, bewußtere Sichtweise der Wirklichkeit.
Der Weg führt von der Konzentration auf die Einzelheit zur Eröffnung von Weite und Komplexität. Meditatives Erleben tritt ein, wenn du das, was du denkst und fühlst, voll und ganz mit dem in Einklang bringst, was du im Augenblick tust. In diesem Moment setzt dein lineares Zeitverständnis aus, die räumliche Wahrnehmung verändert sich, und du spürst deinen Körper auf eine neue Art und Weise. Meditation beginnt mit der Konzentration auf einen Gedanken, einen Ton, ein Bild oder eine Bewegung, die du selbst ausführst, und schlägt irgendwann um in komplexe Aufmerksamkeit und Wahrnehmung. Trennungen sind verschwunden, und du fühlst dich mit dem Ganzen verbunden.
Es handelt sich um kein mystisches Grenzerlebnis, sondern um die Aufmerksamkeitssteigerung und -verlagerung gegenüber deiner Wirklichkeit. Dieses meditative Erleben kann über recht unterschiedliche Wege ermöglicht werden. Besonders geeignet ist natürlich das, was dir am nahesten ist – dein eigener Leib. So setzen auch viele fernöstliche Meditationspraktiken am Leib an: Tai Chi Chuan, Yoga, Zazen, Kum Nye und eigentlich auch alle Kampfkünste wie Karate-Do, Aikido und Judo. Warum sollte also meditatives Erleben nicht auch über sportliche Bewegungsanlässe eintreten können?
Für den Sport hieße dies, daß er aus seinen begrenzten Körpererfahrungsmöglichkeiten heraustreten und Bewegung wieder zu einem Ganzheitserlebnis werden lassen müßte. Tennis, Skifahren, Laufen und Handballspielen müssen nicht zwangsläufig aus Konkurrenzkampf und Leistungsfetischismus bestehen. Alle Sportformen können auf unterschiedliche Weise ausgeführt und erlebt werden. Du kannst durch die Überbetonung des Konkurrenz- und Leistungsgedankens den Sport zu etwas werden lassen, das dir die Lebensenergie eher wegnimmt, statt sie zu stärken. Ein meditativ begriffener Sport hingegen eröffnet dir Körpererfahrungsgelegenheiten ohne Hast und Streß. Gelassen bewegst du dich im Rhythmus deiner ureigenen Bewegung und läßt dich von niemandem vom sportlichen Genuß abhalten.
Dies heißt nicht, daß nicht auch der andere Sport – der „Yang-Sport“ –, seine Berechtigung haben kann, wenn dir danach zumute ist. Manchmal – und dies haben wir ja bereits weiter vorn aus-

geführt – hat man das Bedürfnis, sich im sportlichen Konkurrenzkamps auszutoben. Wir wollten mit diesem Buch allerdings den Blick auf die Yin-Seite des Bewegungserlebens richten, die unserer Auffassung nach in der westlichen Yang-Gesellschaft zu kurz kommt.

Wir hoffen, daß die im Rahmen dieses Buches vorgestellten meditativen Körpererfahrungsformen helfen können, auch die andere Seite möglichen Bewegungserlebens im Sport kennenzulernen. Wer allerdings seinen Körper einmal voller Achtung und Aufmerksamkeit wahrzunehmen gelernt hat, wird nicht mehr ohne weiteres bereit sein, sich im Sport Verletzungen auszusetzen und übertriebene psychosoziale Belastungssituationen einzugehen. So gesehen könnten meditative Praktiken auch eine erhebliche Bereicherung für ein bewußtes Erleben im Sport bedeuten.*

* *Vgl. hierzu ausführlich: Klaus Moegling: Zen im Sport – eine andere Möglichkeit Sport zu treiben. Halldenwang/Allgäu 1987.*

Wo man in Tai Chi Chuan ausgebildet werden kann

Sicherlich kann der Leser die Anregungen dieses Buches aufgreifen und mit seiner Bewegung experimentieren. Er wird sich eine erste Einführung in das Tai Chi ermöglichen können, wenn er die hier vorgeschlagenen Bewegungsweisen nachvollzieht. Dennoch sollte man, wenn man das Tai Chi näher kennenlernen möchte, den Schritt hin zu einer Tai-Chi-Ausbildung wagen.

Neben den hier vorgestellten einführenden Tai-Chi-Formen können erst in einer Ausbildung die weiterführenden Aspekte des Tai Chi vermittelt werden. Nur über das Feed-Back von einem Lehrer wird es gelingen, die korrekte Haltung und Bewegungsführung in den komplexeren Tai-Chi-Formen auszuüben. Außerdem hilft das Üben mit einer Gruppe ähnlich gestimmter Menschen, das eigene Denken, die Übungsmotivation und sogar die Bewegungsqualität in die angestrebten Bahnen zu lenken.

Mittlerweile gibt es in der Bundesrepublik, aber auch in der Schweiz und Österreich, besonders in den größeren Städten, zahlreiche Gelegenheiten, seine Erfahrungen mit dem Tai Chi zu vertiefen. Es werden Einzelworkshops, Abendreihen und regelrechte Ausbildungsgänge angeboten.

Einige uns bekannte Anschriften möchten wir an dieser Stelle als erste Hilfestellung nennen:

A. Die Bildungswerke der Landessportbünde des DSB bieten Kurse in Tai Chi Chuan an. Des weiteren finden sich hier zahlreiche Kurse über „sanfte Körpererfahrung" und die klassischen Praktiken der Bewegungsmeditation wieder.
Anfragen richten an: Deutscher Sportbund, Otto-Fleck-Schneise, 6000 Frankfurt/M.; das entsprechende Programm des jeweiligen Bundeslandes anfordern.

B. An Volkshochschulen und Einrichtungen des Hochschulsports werden Körpererfahrungs- und Tai-Chi-Kurse angeboten. Auch hier können ohne weiteres die entsprechenden Programme besorgt werden; im örtlichen Telefonbuch befinden sich Anschrift und Telefon-Nummer.

C. Es gibt eine ganze Reihe von gemeinnützigen Institutionen, die, zum Teil eingebettet in größere Bildungswerke, Tai-Chi-Kurse anbieten. Auch hier können nur einige Beispiele genannt werden:
- „Bildungs- und Begegnungsstätte Rütte", Nikolaiplatz 1, 8000 München 40;
- „Wirkstatt", Nowackanlage 13, 7500 Karlsruhe;
- „Kasseler Institut für Gesundheit und Körpererfahrung", Parkstraße 18, 3500 Kassel. (Ausbildungsgang

zum Gruppenleiter für „Tai Chi und Körperarbeit" durch B. u. K. Moegling);

- „Begegnungsstätte Klostergut Heiningen", 3344 Heiningen.

D. Hierüber hinaus gibt es zahlreiche privat organisierte Institutionen, die Tai Chi Chuan anbieten:

- „Tai-Chi-Schule Frieder Anders", Am Weingarten 12–14, 6000 Frankfurt/M.;
- „Ixtlan – Zentrum für Yoga, Meditation und Selbsterfahrung", Damm 23, 3300 Braunschweig;
- „Zentrum für Meditation und Selbsterfahrung", Wilhelmstraße 11, 3500 Kassel;
- „Rolf Weber – Schule für Bewegungskunst, Atmung und Meditation", Kiesstraße 8, 6000 Frankfurt/M;
- Tai-Chi-Schule Andreas W. Friedrich, Waldprommenade 12, 8035 Gauting b. München.

Auch hier werden Programme bereitwillig auf Anfrage zugeschickt.

Wo ich noch etwas über Körpererfahrung und Tai Chi Chuan lesen kann

- Foen Tjoeng Lie: Chinesische Naturheilverfahren. Selbstbehandlung mit bewährten Methoden der physikalischen Therapie. (Falken)
  Hier wird ein breites Spektrum an heilgymnastischen Übungen, Akupressurbehandlungen und atemtherapeutischen Verfahren nachvollziehbar und anschaulich dargestellt. Es wird des weiteren über die speziellen Gesundheitswirkungen der einzelnen Übungspraktiken berichtet. Interessant ist auch die Literaturdokumentation.

- Barbara Moegling/Klaus Moegling: Sanfte Körpererfahrung – für Dich selbst und zwischen uns. Band 1. (Kasseler Verlag)
  Dieser Band basiert auf einem ähnlichen Ansatz wie das vorliegende Buch. Hier finden sich weitere Körpererfahrungsübungen, die das in diesem Buch vorgestellte Spektrum an Körpererfahrungsgelegenheiten ergänzen. Verschiedene kleinere Tai-Chi-Formen werden vorgestellt, die ebenfalls zur Einführung in das Tai Chi Chuan geeignet sind.

- Klaus Moegling (Hrsg.)/Hellmuth Kleinsorge/ Abhudaya/Rahimo Täube/Frieder Anders/Pieter de Haas/Rudolf zur Lippe: Sanfte Körpererfahrung. Band 2. (Kasseler Verlag)
  Dies ist ein orientierendes Überblickswerk über verschiedene Körpererfahrungspraktiken wie Autogenes Training, Stretching, Sensory Awareness, Yoga, Zazen und Aikido. Auch dem Tai Chi Chuan ist ein Kapitel gewidmet.

- Foen Tjoeng Lie: Tai Chi Chuan (Falken)
  Eine Einführung mit zahlreichen Bewegungsbildern und erklärenden Beschreibungen in die „Peking-Form“ des Tai Chi Chuan. Der Autor, Foen Tjoeng Lie, dient als Bewegungsvorbild.

- Da Liu: Tao der Gesundheit und Lebensfreude. (Fischer)
  Das Tai Chi Chuan wird unter dem Blickwinkel eines taoistischen Gesundheitsverständnisses mit allen seinen Begrenzungen, aber auch Chancen aufbereitet. Ein sehr anregendes Buch.

- Herbert Maier: Pa Tuan Chin. (Kasseler Verlag)
  Hier finden sich interessante Ausführungen zum Thema Gesundheit, Lebendigkeit und Bewegung. Sehr anschaulich wird das Pa Tuan Chin

in einer weiteren Version vorgestellt, die mit den Brokat-Übungen in diesem Buch nur zum Teil identisch sind.

- Frieder Anders (Hrsg.): Tai Chi. Chinas lebendige Weisheit. (Diederichs Verlag)
  Hier finden sich – neben einer sorgfältigen Einführung in das Tai Chi Chuan durch Frieder Anders – Beiträge erfahrener Autoren, die besonders den philosophischen Hintergrund des Taoismus und des Tai Chi Chuan verdeutlichen können, wie er in der chinesischen Tradition angelegt worden ist.

Sicherlich gibt es noch weitere Veröffentlichungen zu diesem Thema. Doch wir meinen, daß diese Literaturauswahl zunächst einmal genügen soll. Weiterführende Literatur findet sich ohnehin in den hier vorgestellten Büchern selbst.

Zusammenfassende und ausführliche Bezeichnungen der „Acht Brokaten"

1. Brokate:
„Den Himmel mit den Händen stützen"
(„Den Himmel mit den Händen stützen, um die drei Erwärmer zu regulieren")

2. Brokate:
„Den Adler schießen"
(„Den Bogen nach links und rechts spannen und auf den Adler schießen")

3. Brokate:
„Die Hände heben"
(„Milz und Magen regulieren, indem man die Hände einzeln hebt")

4. Brokate:
„Mit Verachtung hinter sich blicken"
(„Mit Verachtung hinter sich blicken und Krankheiten und Leiden vertreiben")

5. Brokate:
„Das Gesäß schwenken und das Feuer aus dem Herzen vertreiben"
(„Das Gesäß schwenken und das Herzfeuer beseitigen")

6. Brokate:
„Die Füße mit den Händen fassen"
(„Mit beiden Händen die Füße fassen und die Lenden festigen")

7. Brokate:
„Die Fäuste schließen, die Augen funkeln"
(„Fäuste schließen, Augen funkeln und so die Kräfte vermehren")

8. Brokate:
„Den Rücken strecken und hundert Krankheiten vertreiben"
(„Durch siebenmal Straffziehen des Rückens werden hundert Krankheiten vertrieben")

Hierbei ist darauf zu achten, daß alle Übersetzungen sinngemäß sind und die chinesische Sprache immer verschiedene Auslegungsmöglichkeiten offenläßt.

Register

A

B

C

D

E

F

G

H

K

L

Stand Sommer 1987

Gesamt-Programm

Essen und Trinken

Köstliche Suppen
für jede Tages- und Jahreszeit. (5122) Von E. Fuhrmann, 64 S., 38 Farbfotos, 2 Zeichnungen, Pappband. ●●

Was koche ich heute?
Neue Rezepte für Fix-Gerichte. (0608) Von A. Badelt-Vogt, 112 S., 16 Farbtafeln, kart. ●

Kochen für 1 Person
Rationell wirtschaften, abwechslungsreich und schmackhaft zubereiten. (0586) Von M. Nicolin, 136 S., 8 Farbtafeln, 23 Zeichnungen, kart. ●

Schnell und individuell
Die raffinierte Single-Küche
(4266) Von F. Faist, 160 S., 151 Farbfotos, Pappband. ●●●

Gesunde Kost aus dem Römertopf
(0442) Von J. Kramer, 128 S., 8 Farbtafeln, 13 Zeichnungen, kart. ●

Nudelgerichte
– lecker, locker, leicht zu kochen. (0466) Von C. Stephan, 80 S., 8 Farbtafeln, kart. ●

Lieblingsrezepte
Phantasievoll zubereitet und originell dekoriert. (4234) Hrsg. P. Diller, 160 S., 120 Farbfotos, 34 Zeichnungen, Pappband. ●●●

Die besten Eintöpfe und Aufläufe
Das Beste aus den Kochtöpfen der Welt (5079) Von A. und G. Eckert, 64 S., 50 Farbfotos, Pappband. ●●

FALKEN-FEINSCHMECKER
Herzhaftes für Leib und Seele
Eintöpfe
(0820) Von P. Klein, 48 S., 30 Farbfotos, Pappband. ●

Schnell und gut gekocht
Die tollsten Rezepte für den Schnellkochtopf. (0265) Von J. Ley, 96 S., 8 Farbtafeln, kart. ●

Kochen und backen im Heißluftherd
Vorteile, Gebrauchsanleitung, Rezepte. (0516) Von K. Kölner, 72 S., 8 Farbtafeln, kart. ●

Das neue Mikrowellen-Kochbuch
(0434) Von H. Neu, 64 S., 4 Farbtafeln, 16 s/w Zeichnungen, kart. ●

Ganz und gar mit Mikrowellen
(4094) Von T. Peters, 208 S., 24 Farbfotos, 12 Zeichnungen, kart. ●●●

FALKEN-FEINSCHMECKER
Schnell auf den Tisch gezaubert
Kochen mit Mikrowellen
(0818) Von A. Danner, 64 S., 52 Farbfotos, Pappband. ●

Marmeladen, Gelees und Konfitüren
Köstlich wie zu Omas Zeiten – einfach selbstgemacht. (0720) Von M. Gutta, 32 S., 23 Farbfotos, 1 Zeichnung, Pappband. ●

Einkochen
nach allen Regeln der Kunst. (0405) Von B. Müller, 128 S., 8 Farbtafeln, kart. ●

Einkochen, Einlegen, Einfrieren
(4055) Von B. Müller, 27 s/w.-Abb., kart. ●●

FALKEN-FEINSCHMECKER
Goldbraun und knusprig
Fritierte Leckerbissen
(0868) Von F. Faist, 64 S., 47 Farbfotos, Pappband. ●

Das neue Fritieren
geruchlos, schmackhaft und gesund. (0365) Von P. Kühne, 96 S., 8 Farbtafeln, kart. ●

FALKEN-FEINSCHMECKER
Die Krönung der feinen Küche
Saucen
(0817) Von G. Cavestri, 48 S., 40 Farbfotos, Pappband. ●

Wildgerichte
einfach bis raffiniert. (5115) Von M. Gutta, 64 S., 43 Farbfotos, Pappband. ●●

FALKEN-FEINSCHMECKER
Von Tatar und falschen Hasen
Hackfleisch
(0866) Von A. und G. Eckert, 64 S., 42 Farbfotos, Pappband. ●

Mehr Freude und Erfolg beim **Grillen**
(4141) Von A. Berliner, 160 S., 147 Farbfotos, 10 farbige Zeichnungen, Pappband. ●●●

Grillen
Fleisch · Fisch · Beilagen · Soßen. (5001) Von E. Fuhrmann, 64 S., 38 Farbfotos, Pappband. ●●

Chinesisch kochen
Schmackhafte Rezepte für die abwechslungsreiche Küche. (5011) Von A. und G. Eckert, 64 S., 57 Farbfotos, Pappband. ●●

Chinesisch kochen
mit dem Wok-Topf und dem Mongolen-Topf. (0557) Von C. Korn, 64 S., 8 Farbtafeln, kart. ●

Schlemmerreise durch die
Chinesische Küche
(4184) Von Kuo Huey Jen, 160 S., 117 Farbfotos, Pappband. ●●●

Nordische Küche
Speisen und Getränke von der Küste. (5082) Von J. Kürtz, 64 S., 44 Farbfotos, Pappband. ●●

Deutsche Küche
Schmackhafte Gerichte von der Nordsee bis zu den Alpen. (5025) Von E. Fuhrmann, 64 S., 52 Farbfotos, Pappband. ●●

Essen in Hessen
Spezialitäten zwischen Schwalm und Odenwald
(0837) Von R. Witt, 120 S., 10 s/w-Zeichnungen, Pappband. ●●

Französisch kochen
Eine kulinarische Reise durch Frankreich. (5016) Von M. Gutta, 64 S., 35 Farbfotos, Pappband. ●●

Französische Küche
(0685) Von M. Gutta, 96 S., 16 Farbtafeln, kart. ●

Französische Spezialitäten aus dem Backofen
Herzhafte Tartes und Quiches mit Fleisch, Fisch, Gemüse und Käse
(5146) Von P. Klein, 64 S., 43 Farbfotos, Pappband. ●●

FALKEN-FEINSCHMECKER
Aus lauter Lust und Liebe
Knoblauch
(0867) Von L. Reinirkens, 64 S., 45 Farbfotos, Pappband. ●

Kochen und würzen mit **Knoblauch**
(0725) Von A. und G. Eckert, 96 S., 8 Farbtafeln, kart. ●

Schlemmerreise durch die
Italienische Küche
(4172) Von V. Pifferi, 160 S., 109 Farbfotos, Pappband. ●●●

Pizza, Pasta und die feine italienische Küche
(4270) Von R. Rudatis, 120 S., 255 Farbfotos, Pappband. ●●

Italienische Küche
Ein kulinarischer Streifzug mit regionalen Spezialitäten. (5026) Von M. Gutta, 64 S., 35 Farbfotos, Pappband. ●●

Köstliche Pizzas, Toasts, Pasteten
Schmackhafte Gerichte schnell zubereitet. (5081) Von A. und G. Eckert, 64 S., 46 Farbfotos, Pappband. ●●

FALKEN-FEINSCHMECKER
Schlemmen wie bei Mamma Maria
Pizzas
(0815) Von F. Faist, 64 S., 62 Farbfotos, Pappband. ●

Köstliche Pilzgerichte
Tips und Rezepte für die häufigsten Pilzgattungen. (5133) Von V. Spicker-Noack, M. Knoop, 64 S., 52 Farbfotos, Pappband. ●●

Köstliche Fondues
mit Fleisch, Geflügel, Fisch, Käse, Gemüse und Süßem. (5006) Von E. Fuhrmann, 64 S., 50 Farbfotos, Pappband. ●●

Fondues
und fritierte Leckerbissen. (0471) Von S. Stein, 96 S., 8 Farbtafeln, kart. ●

Fondues · Raclettes · Flambiertes
(4081) Von R. Peiler und M.-L. Schult, 136 S., 15 Farbtafeln, 28 Zeichnungen, kart. ●●

Neue, raffinierte Rezepte mit dem Raclette-Grill
(0558) Von L. Helger, 56 S., 8 Farbtafeln, kart. ●

Die hier vorgestellten Bücher, Videokassetten und Software sind in folgende Preisgruppen unterteilt:

● Preisgruppe bis DM 10,–/S 79,–
●● Preisgruppe über DM 10,– bis DM 20,– S 80,– bis S 160,–
●●● Preisgruppe über DM 20,– bis DM 30,– S 161,– bis S 240,–
●●●● Preisgruppe über DM 30,– bis DM 50,– S 241,– bis S 400,–
●●●●● Preisgruppe über DM 50,–/S 401,–
*(unverbindliche Preisempfehlung)

FALKEN VERLAG

Rezepte rund um Raclette und Hobby-Rechaud
(0420) Von J. W. Hochscheid, 72 S., 8 Farbtafeln, kart. ●

Fondues und Raclettes
(4253) Von F. Faist, 160 S., 125 Farbfotos, Pappband. ●●●

Kochen und würzen mit
Paprika
(0792) Von A. und G. Eckert, 88 S., 8 Farbtafeln, kart. ●

Kleine Kalte Küche
für Alltag und Feste. (5097) Von A. und G. Eckert, 64 S., 45 Farbfotos, Pappband. ●●

Kalte Platten – Kalte Büfetts
rustikal bis raffiniert. (5015) Von M. Gutta, 64 S., 34 Farbfotos, Pappband. ●●

Kalte Happen und Partysnacks
Canapês, Sandwiches, Pastetchen, Salate und Suppen. (5029) Von D. Peters, 64 S., 44 Farbfotos, Pappband. ●●

Garnieren und Verzieren
(4236) Von R. Biller, 160 S., 329 Farbfotos, 57 Zeichnungen, Pappband. ●●●

Desserts
Puddings, Joghurts, Fruchtsalate, Eis, Gebäck, Getränke. (5020) Von M. Gutta, 64 S., 41 Farbfotos, Pappband. ●●

FALKEN-FEINSCHMECKER
Süße Geheimnisse eiskalt gelüftet
Eis und Sorbets
(0870) Von H. W. Liebheit, 48 S., 38 Farbfotos, Pappband. ●

Crêpes, Omeletts und Soufflés
Pikante und süße Spezialitäten. (5131) Von J. Rosenkranz, 64 S., 45 Farbfotos, Pappband. ●●

Kuchen und Torten
Die besten und beliebtesten Rezepte. (5067) Von M. Sauerborn, 64 S., 79 Farbfotos, Pappband. ●●

Tortenträume und Kuchenfantasien
Gebackene Köstlichkeiten originell dekoriert und verziert
(0823) Von F. Faist, 80 S., 150 Farbfotos, kart. ●●

Schönes Hobby Backen
Erprobte Rezepte mit modernen Backformen. (0451) Von E. Blome, 96 S., 8 Farbtafeln, kart. ●

Backen, was allen schmeckt
Kuchen, Torten, Gebäck und Brot. (4166) Von E. Blome, 556 S., 40 Farbtafeln, Pappband. ●●●

Meine Vollkornbackstube
Brot · Kuchen · Aufläufe. (0616) Von R. Raffelt, 96 S., 4 Farbtafeln, 12 Zeichnungen, kart. ●

FALKEN-FEINSCHMECKER
Mit Körnern, Zimt und Mandelkern
Vollkorngebäck
(0816) Von M. Bustorf-Hirsch, 48 S., 39 Farbfotos, Pappband. ●

Biologisch Backen
Neue Rezeptideen für Kuchen, Brote, Kleingebäck aus vollem Korn. (4174) Von M. Bustorf-Hirsch, 136 S., 15 Farbtafeln, 47 Zeichnungen, kart. ●●

Selbst Brotbacken
Über 50 erprobte Rezepte. (0370) Von J. Schiermann, 80 S., 6 Zeichnungen, 4 Farbtafeln, kart. ●

Mehr Freude und Erfolg beim
Brotbacken
(4148) Von A. und G. Eckert, 160 S., 177 Farbfotos, Pappband. ●●●

Brotspezialitäten
knusprig backen – herzhaft kochen. (5088) Von J. W. Hochscheid und L. Helger, 64 S., 48 Farbfotos, Pappband. ●●

Weihnachtsbäckerei
Köstliche Plätzchen, Stollen, Honigkuchen und Festtagstorten. (0682) Von M. Sauerborn, 32 S., 36 Farbfotos, Pappband. ●

Waffeln
süß und pikant. (0522) Von C. Stephan, 64 S., 8 Farbtafeln, kart. ●

Kochen für Diabetiker
Gesund und schmackhaft für die ganze Familie. (4132) Von M. Toeller, W. Schumacher, A. C. Groote, 224 S., 109 Farbfotos, 94 Zeichnungen, Pappband. ●●●

Neue Rezepte für Diabetiker-Diät
Vollwertig – abwechslungsreich – kalorienarm. (0418) Von M. Oehlrich, 120 S., 8 Farbtafeln, kart. ●

Wer schlank ist, lebt gesünder
Tips und Rezepte zum Schlankwerden und -bleiben. (0562) Von R. Mainer, 80 S., 8 Farbtafeln, kart. ●

SLIM
Der neue, individuelle Schlankheitsplan (4277) Von Prof. Dr. E. Menden, W. Aign, 120 S., 440 Farbfotos, Pappband. ●●●

Kalorien – Joule
Eiweiß · Fett · Kohlenhydrate tabellarisch nach gebräuchlichen Mengen. (0374) Von M. Bormio, 88 S., kart. ●

Alles mit Joghurt
tagfrisch selbstgemacht. Mit vielen Rezepten. (0382) Von G. Volz, 88 S., 8 Farbtafeln, kart. ●

Gesund leben – schlank werden mit der
Bio-Kur
(0657) Von S. Winter, 144 S., 4 Farbtafeln, kart. ●

FALKEN-FEINSCHMECKER
Raffiniert und gesund würzen
Kräuterküche
(0869) Von A. Görgens, 48 S.,43 Farbfotos, Pappband. ●

Miekes Kräuter- und Gewürzkochbuch
(0323) Von I. Persy und K. Mieke, 96 S., 8 Farbtafeln, kart. ●

Delikate Salate
für alle Gelegenheiten rund ums Jahr. (5002) Von E. Fuhrmann, 64 S., 50 Farbfotos, Pappband. ●●

Das köstliche knackige Schlemmervergnügen.
Salate
(4165) Von V. Müller, 160 S., 80 Farbfotos, Pappband. ●●●

111 köstliche Salate
Erprobte Rezepte mit Pfiff. (0222) Von C. Schönherr, 96 S., 8 Farbtafeln, 30 Zeichnungen, kart. ●

FALKEN-FEINSCHMECKER
Köstlich frisch auf den Tisch
Rohkostsalate
(0865) Von C. Adam, 48 S., 26 Farbfotos, Pappband. ●

Rohkost
Schmackhafte Gerichte für die gesunde Ernährung. (5044) Von I. Gabriel, 64 S., 53 Farbfotos, Pappband. ●●

Joghurt, Quark, Käse und Butter
Schmackhaftes aus Milch hausgemacht. (0739) Von M. Bustorf-Hirsch, 32 S., 59 Farbabb., Pappband. ●

Die abwechslungsreiche Vollwertküche
Vitaminreich und naturbelassen kochen und backen. (4229) Von M. Bustorf-Hirsch, K. Siegel, 280 S., 31 Farbtafeln, 78 Zeichnungen, Pappband. ●●●●

Meine Vollkornküche
Herzhaftes von echtem Schrot und Korn (0858) Von S. Walz, 128 S., 8 Farbtafel, kart. ●

Alternativ essen
Die gesunde Sojaküche.
(0553) Von U. Kolster, 112 S., 8 Farbtafeln, kart. ●

Kochen mit Tofu
Die gesunde Alternative. (0894) Von U. Kolster, 80 S., 8 Farbtafeln, kart. ●

Das Reformhaus-Kochbuch
Gesunde Ernährung mit hochwertigen Naturprodukten. (4180) Von A. und G. Eckert, 160 S. 15 Farbtafeln, Pappband. ●●●

Gesund kochen mit Keimen und Sprossen
(0794) Von M. Bustorf-Hirsch, 104 S., 8 Farbtafeln, 13 s/w-Zeichnungen, kart. ●

Die feine Vegetarische Küche
(4235) Von F. Faist, 160 S., 191 Farbfotos, Pappband. ●●●

Biologische Ernährung
für eine natürliche und gesunde Lebensweise. (4125) Von G. Leibold, 136 S., 15 Farbtafeln, 47 Zeichnungen, kart. ●●

Gesunde Ernährung für mein Kind
(0776) Von M. Bustorf-Hirsch, 96 S., 8 Farbtafeln, 5 s/w Zeichnungen, kart. ●

Vitaminreich und naturbelassen
Biologisch Kochen
(4162) Von M. Bustorf-Hirsch und K. Siegel, 144 S., 15 Farbtafeln, 31 Zeichnungen, kart. ●●

Gesund kochen
wasserarm · fettfrei · aromatisch. (4060) Von M. Gutta, 240 S., 16 Farbtafeln, Pappband. ●●●

Kräuter- und Heilpflanzen-Kochbuch
für eine gesunde Lebensweise. (4066) Von P. Pervenche, 143 S., 15 Farbtafeln, kart. ●●

Pralinen und Konfekt
Kleine Köstlichkeiten selbstgemacht. (0731) Von H. Engelke, 32 S., 57 Farbfotos, Pappband. ●

FALKEN-FEINSCHMECKER
Zart schmelzende Versuchungen
Schokolade
(0819) Von J. Schroer, 48 S., 53 Farbfotos, Pappband. ●

Die hier vorgestellten Bücher, Videokassetten und Software sind in folgende Preisgruppen unterteilt:

● Preisgruppe bis DM 10,–/S 79,–
●● Preisgruppe über DM 10,– bis DM 20,– S 80,– bis S 160,–
●●● Preisgruppe über DM 20,– bis DM 30,– S 161,– bis S 240,–
●●●● Preisgruppe über DM 30,– bis DM 50,– S 241,– bis S 400,–
●●●●● Preisgruppe über DM 50,–/S 401,–
*(unverbindliche Preisempfehlung)

FALKEN VERLAG

Die Preise entsprechen dem Status beim Druck dieses

Köstlichkeiten für Gäste und Feste
Kalte Platten
(4200) Von I. Pfliegner, 160 S., 130 Farbfotos, Pappband. ●●●

Kochen für Gäste
Köstliche Menüs mit Liebe zubereitet. (5149) Von R. Wesseler, 64 S., 40 Farbfotos, Pappband. ●●

Das richtige Frühstück
Gesunde Vollwertkost vitaminreich und naturbelassen.
(0784) Von C. Kratzel und R. Böll, 32 S., 28 Farbfotos, Pappband. ●

Bocuse à la carte
Französisch kochen mit dem Meister. (4237) Von P. Bocuse, 88 S., 218 Farbfotos, Pappband. ●●

Kochschule mit Paul Bocuse
(6016/VHS, 6017/Video 2000, 6018/Beta), 60 Min. in Farbe. ●●●●●*

Natursammlers Kochbuch
Wildfrüchte und Gemüse, Pilze, Kräuter – finden und zubereiten. (4040) Von C. M. Kerler, 140 S., 12 Farbtafeln, kart. ●●

Cocktails
(4267) Von W. R. Hoffmann, W. Hubert, U. Lottring, 160 S., 164 Farbfotos, 1 s/w-Foto, Pappband. ●●●

Neue Cocktails und Drinks
mit und ohne Alkohol. (0517) Von S. Späth, 128 S., 4 Farbtafeln, kart., ●

Mixgetränke
mit und ohne Alkohol (5017) Von C. Arius, 64 S., 35 Farbfotos, Pappband. ●●

Cocktails und Mixereien
für häusliche Feste und Feiern. (0075) Von J. Walker, 96 S., 4 Farbtafeln, kart. ●

Die besten Punsche, Grogs und Bowlen
(0575) Von F. Dingden, 64 S., 2 Farbtafeln, kart. ●

Weine und Säfte, Liköre und Sekt
selbstgemacht. (0702) Von P. Arauner, 232 S., 76 Abb., kart. ●●

Mitbringsel aus meiner Küche
selbst gemacht und liebevoll verpackt. (0668) Von C. Schönherr, 32 S., 30 Farbfotos, Pappband. ●

Weinlexikon
Wissenswertes über die Weine der Welt. (4149) Von U. Keller, 228 S., 6 Farbtafeln, 395 s/w-Fotos, Pappband. ●●●

Heißgeliebter Tee
Sorten, Rezepte und Geschichten. (4114) Von C. Maronde, 153 S., 16 Farbtafeln, 93 Zeichnungen, Pappband. ●●●

Tee für Genießer.
Sorten · Riten · Rezepte. (0356) Von M. Nicolin, 64 S., 4 Farbtafeln, kart. ●

Tee
Herkunft · Mischungen · Rezepte. (0515) Von S. Ruske, 96 S., 4 Farbtafeln, 16 s/w Abbildungen, Pappband. ●

Kinder lernen spielend backen
(5110) Von M. Gutta, 64 S., 45 Farbfotos, Pappband. ●●

Kinder lernen spielend kochen
Lieblingsgerichte mit viel Spaß selbst zubereitet. (5096) Von M. Gutta, 64 S., 45 Farbfotos, Pappband. ●●

Komm, koch mit mir
Kunterbuntes Kochvergnügen für Kinder. (4285) Von S. und H. Theilig, Illustrationen von B. v. Hayek, 96 S., 48 Farbfotos, 350 Farb- und 1 s/w-Zeichnung, Pappband. ●●

Hobby

Aquarellmalerei
als Kunst und Hobby.
(4147) Von H. Haack und B. Wersche, 136 S., 62 Farbfotos, 119 Zeichnungen, gebunden ●●●●

Aquarellmalerei
Materialien · Techniken · Motive. (5099) Von T. Hinz, 64 S., 79 Farbfotos, Pappband. ●●

Hobby Aquarellmalen
Landschaft und Stilleben
(0876) Von I. Schade, A. Brück, 80 S., 111 Farbabbildungen, kart. ●●

Videokassette
Hobby Aquarellmalen
Landschaft und Stilleben (6022/VHS) ca. 40 Min., in Farbe. ●●●●*

Aquarellmalerei leicht gelernt
Materialien · Techniken · Motive. (0787) Von T. Hinz, R. Braun, B. Zeidler, 32 S., 38 Farbfotos, 1 Zeichnung, ●

Hobby Ölmalerei
Landschaft und Stilleben
(0875) Von H. Kämper, I. Becker, 80 S., 93 Farbabb., kart. ●●

Videokassette
Hobby Ölmalerei
Landschaft und Stilleben (6025/VHS) ca. 40 Min., in Farbe. ●●●●*

Falken-Handbuch
Zeichnen und Malen
(4167) Von B. Bagnall, 336 S., 1154 Farbabb., Pappband. ●●●●●

Naive Malerei
Materialien · Motive · Techniken (5083) Von F. Krettek, 64 S., 76 Farbfotos, Pappband. ●●

Bauernmalerei
als Kunst und Hobby. (4057) Von A. Gast und H. Stegmüller, 128 S., 239 Farbfotos, 26 Riß-Zeichnungen, Pappband. ●●●●

Hobby Bauernmalerei
(0436) Von S. Ramos und J. Roszak, 80 S., 116 Farbfotos und 28 Motivvorlagen, kart. ●●

Bauernmalerei
Kreatives Hobby nach alter Volkskunst (5039) Von S. Ramos, 64 S., 85 Farbfotos, Pappband. ●●

Glasmalerei
als Kunst und Hobby. (4088) Von F. Krettek und S. Beeh-Lustenberger, 132 S., 182 Farbfotos, 38 Motivvorlagen, Pappband. ●●●●

Naive Hinterglasmalerei
Materialien · Techniken · Bildvorlagen (5145) Von F. Krettek, 64 S., 87 Farbfotos, 6 Zeichnungen, Pappband. ●●

Kalligraphie
Die Kunst des schönen Schreibens (4263) Von C. Hartmann, 120 S., 44 Farbvorlagen, 29 s/w-Vorlagen, 2 s/w-Zeichnungen, 38 Farbfotos, Pappband. ●●●●

Seidenmalerei als Kunst und Hobby
(4264) Von S. Hahn, 136 S., 256 Farbfotos, 1 s/w-Foto, 34 Farbzeichnungen, Pappband. ●●●●

Kunstvolle Seidenmalerei
Mit zauberhaften Ideen zum Nachgestalten. (0783) Von I. Demharter, 32 S., 56 Farbfotos, Pappband. ●

Zauberhafte Seidenmalerei
Materialien · Techniken · Gestaltungsvorschläge. (0664) Von E. Dorn, 32 S., 62 Farbfotos, Pappband. ●

Hobby Seidenmalerei
(0611) Von R. Henge, 88 S., 106 Farbfotos, 28 Zeichnungen, kart. ●●

Hobby Stoffdruck und Stoffmalerei
(0555) Von A. Ursin, 80 S., 68 Farbfotos, 68 Zeichnungen, kart. ●●

Stoffmalerei und Stoffdruck
Materialien · Techniken · Ideen · Modelle (5074) Von H. Gehring, 64 S., 110 Farbfotos, Pappband. ●●

Batik
leicht gemacht. Materialien · Färbetechniken · Gestaltungsideen. (5112) Von A. Gast, 64 S., 105 Farbfotos, Pappband. ●●

Textilfärben
Färben so einfach wie Waschen. (0693) Von W. Siegrist, P. Schärli, 32 S., 47 Farbfotos, 3 Zeichnungen, Spiralbindung. ●

Kreatives Bilderweben
Materialien – Vorlagen – Motive (0814) Von A. Schulte-Huxel, 32 S., 58 Farbfotos, 8 Zeichnungen, Pappband. ●

Flechten
mit Bast, Stroh und Peddigrohr. (5098) Von H. Hangleiter, 64 S., 47 Farbfotos, 76 Zeichnungen, Pappband. ●●

Makramee
Knüpfarbeiten leicht gemacht. (5075) Von B. Pröttel, 64 S., 95 Farbfotos, Pappband. ●●

Falken-Handbuch
Häkeln
ABC der Häkeltechniken und Häkelmuster in ausführlichen Schritt-für-Schritt-Bildfolgen.
(4194) Von H. Fuchs, M. Natter, 288 S., 597 Farbfotos, 476 farbige Zeichnungen. Pappband. ●●●●

Häkeln
Schritt für Schritt für Rechts- und Linkshänder. (5134) Von H. Klaus, 64 S., 120 Farbfotos, 144 Zeichnungen, Pappband. ●●

Klöppeln
Schritt für Schritt leicht gelernt. (0788) Von U. Seiffer, 32 S., 42 Farb-, 1 s/w-Foto, 25 Zeichnungen, mit Klöppelbriefen, Pappband. ●

Sticken
Schritt für Schritt für Rechts- und Linkshänder. (5135) Von U. Werner, 64 S., 196 Farbfotos, 96 Zeichnungen, Pappband. ●●

Die hier vorgestellten Bücher, Videokassetten und Software sind in folgende Preisgruppen unterteilt:

● Preisgruppe bis DM 10,–/S 79,–
●● Preisgruppe über DM 10,– bis DM 20,– S 80,– bis S 160,–
●●● Preisgruppe über DM 20,– bis DM 30,– S 161,– bis S 240,–
●●●● Preisgruppe über DM 30,– bis DM 50,– S 241,– bis S 400,–
●●●●● Preisgruppe über DM 50,–/S 401,–
*(unverbindliche Preisempfehlung)

FALKEN VERLAG

Monogrammstickerei
Mit Vorlagen für Initialen, Vignetten und Ornamente. (5148) Von H. Fuchs, 64 S., 50 Farbfotos, 50 Zeichnungen, Pappband. ●●

Falken-Handbuch
Stricken
ABC der Stricktechniken und Strickmuster in ausführlichen Schritt-für-Schritt-Bildfolgen. (4137) Von M. Natter, 312 S., 106 Farb- und 922 s/w-Fotos, 318 Zeichnungen, Pappband. ●●●●

Bestrickend schöne Ideen
Pullover, Westen, Ensembles, Jacken
(4178) Von R. Weber, 208 S., 220 Farbfotos, 358 Zeichnungen, Pappband. ●●●

Chic in Strick
Neue Pullover
Westen · Jacken · Kleider · Ensembles. (4224) Hrsg. R. Weber, 192 S., 25 Farbabb., Pappband. ●●●

Das moderne Standardwerk von der Expertin
Perfekt Stricken
Mit Sonderteil Häkeln
(4250) Von H. Jaacks, 256 S., 703 Farbfotos, 169 Farb- und 121 s/w-Zeichnungen, Pappband. ●●●

Videokassette Stricken
(6007/VHS, 6008/Video 2000, 6009/Beta). Von P. Krolikowski-Habicht, H. Jaacks, 51 Min., in Farbe. ●●●●*

Stricken
Schritt für Schritt für Rechts- und Linkshänder. (5142) Von S. Oelwein-Schefczik, 64 S., 148 Farbfotos, 173 Zeichnungen, Pappband. ●●

Die schönsten Handarbeiten zum Verschenken
(4225) Von B. Wenzelburger, 128 S., 156 Farbfotos, 70 2-farbige Zeichnungen, Pappband. ●●●●

Kuscheltiere stricken und häkeln
Arbeitsanleitungen und Modelle. (0734) Von B. Wehrle, 32 S., 60 Farbfotos, 28 Zeichnungen, Spiralbindung. ●

Hobby Patchwork und Quilten
(0768) Von B. Staub-Wachsmuth, 80 S., 108 Farbabb., 43 Zeichnungen, kart. ●●

Hobby Spitzencollagen
Bezaubernde Motive aus edlem Material. (0847) Von H. Westphal, 80 S., 186 Farbfotos, kart. ●●

Textiles Gestalten
Weben, Knüpfen, Batiken, Sticken, Objekte und Strukturen. (5123) Von J. Fricke, 136 S., 67 Farb- und 189 s/w-Fotos, 15 Zeichnungen, kart. ●●

Gestalten mit Glasperlen
fädeln · sticken · weben (0640) Von A. Köhler, 32 S., 55 Farbfotos, Spiralbindung. ●

Schmuck, Accessoires und Dekoratives
aus Fimo modelliert
(0873) Von A. Aurich, 32 S., 54 Farbfotos, Pappband. ●

Neue zauberhafte Salzteig-Ideen
(0719) Von I. Kiskalt, 80 S., 320 Farbfotos, 12 Zeichnungen, kart. ●●

Hobby Salzteig
(0662) Von I. Kiskalt, 80 S., 150 Farbfotos, 5 Zeichnungen, Schablonen, kart. ●●

Gestalten mit Salzteig
formen · bemalen · lackieren. (0613) Von W.-U. Cropp, 32 S., 56 Farbfotos, 17 Zeichnungen, Pappband. ●

Originell und dekorativ
Salzteig mit Naturmaterialien
(0833) Von A. und H. Wegener, 80 S., 166 Farbfotos, kart. ●●

Buntbemalte Kunstwerke aus Salzteig
Figuren, Landschaften und Wandbilder. (5141) Von G. Belli, 64 S., 165 Farbfotos, 1 Zeichnung, Pappband. ●●

Kreatives Gestalten mit Salzteig
Originelle Motive für Fortgeschrittene. (0769) Hrsg. I. Kiskalt, 80 S., 168 Farbfotos, kart. ●●

Videokassette Salzteig
(6010/VHS, 6011/Video 2000, (6012/Beta) Von I. Kiskalt, Dr. A. Teuchert, in Farbe, ca. 35 Min. ●●●●●*

Tiffany-Spiegel selbermachen
Materialien · Arbeitsanleitung · Vorlagen. (0761) Von R. Thomas, 32 S., 53 Farbfotos, Pappband. ●

Tiffany-Schmuck selbermachen
Materialien · Arbeitsanleitungen · Modelle (0871) Von B. Poludniak, H. W. Scheib, 32 S., 54 Farbfotos, 3 Zeichnungen, Pappband. ●

Tiffany-Lampen selbermachen
Arbeitsanleitung · Materialien · Modelle. (0684) Von I. Spliethoff, 32 S., 60 Farbfotos, Pappband. ●

Hobby Glaskunst in Tiffany-Technik
(0781) Von N. Köppel, 80 S., 194 Farbfotos, 6 s/w-Abb., kart., ●●

Origami –
Die Kunst des Papierfaltens. (0280) Von R. Harbin, 160 S., 633 Zeichnungen, kart. ●

Hobby Origami
Papierfalten für groß und klein. (0756) Von Z. Aytüre-Scheele, 88 S., über 800 Farbfotos, kart. ●●

Neue zauberhafte Origami-Ideen
Papierfalten für groß und klein. (0805) Von Z. Aytüre-Scheele, 80 S., 720 Farbfotos, kart. ●●

Weihnachtsbasteleien
(0667) Von M. Kühnle und S. Beck, 32 S., 56 Farbfotos, 6 Zeichnungen, Pappband. ●

Bastelspaß mit der Laubsäge
Mit Schnittmusterbogen für viele Modelle in Originalgröße. (0741) Von L. Giesche, M. Bausch, 32 S., 61 Farbfotos, 7 Zeichnungen, Schnittmusterbogen, Pappband. ●

Falken-Heimwerker-Praxis
Tapezieren
(0743) Von W. Nitschke, 112 S., 186 Farbfotos, 9 Zeichnungen, kart. ●●

Falken-Heimwerker-Praxis
Anstreichen und Lackieren
(0771) Von P. Müller, 120 S., 186 Farbfotos, 2 s/w Fotos, 3 Zeichnungen, kart. ●●

Falken-Heimwerker-Praxis
Fahrrad-Reparaturen
(0796) Von R. van der Plas, 112 S., 140 Farbfotos, 113 farbige Zeichnungen, kart. ●●

Falken-Handbuch
Heimwerken
Reparieren und Selbermachen in Haus und Wohnung – über 1100 Farbfotos. Praktische Tips vom Profi: Selbermachen, Reparieren, Renovieren, Kostensparen. (4117) Von Th. Pochert, 440 S., 1103 Farbfotos, 100 ein- und zweifarbige Abb., Pappband. ●●●●

Restaurieren von Möbeln
Stilkunde, Materialien, Techniken, Arbeitsanleitungen in Bildfolgen. (4120) Von E. Schnaus-Lorey, 152 S., 37 Farbfotos, 75 s/w Fotos, 352 Zeichnungen, Pappband. ●●●●

Möbel aufarbeiten, reparieren und pflegen
(0386) Von E. Schnaus-Lorey, 96 S., 28 Fotos, 101 Zeichnungen, kart., ●

Vogelhäuschen, Nistkästen, Vogeltränken mit Plänen und Anleitungen zum Selbstbau. (0695) Von J. Zech, 32 S., 42 Farbfotos, 5 Zeichnungen, Pappband. ●

Strohschmuck selbstgebastelt
Sterne, Figuren und andere Dekorationen (0740) Von E. Rombach, 32 S., 60 Farbfotos, 17 Zeichnungen, Pappband. ●

Das Herbarium
Pflanzen sammeln, bestimmen und pressen. (5113) Von I. Gabriel, 96 S., 140 Farbfotos, Pappband. ●●

Gestalten mit Naturmaterialien
Zweige, Kerne, Federn, Muscheln und anderes. (5128) Von I. Krohn, 64 S., 101 Farbfotos, 11 farbige Zeichnungen, Pappband. ●●

Blütenbilder aus Blumen und Blätter
Phantasievolle Naturcollagen. (0872) Von G. Schamp, 32 S., 57 Farbfotos, 1 Zeichnung, Pappband. ●

Dauergestecke
mit Zweigen, Trocken- und Schnittblumen. (5121) Von G. Vocke, 64 S., 57 Farbfotos, Pappband. ●●

Ikebana
Einführung in die japanische Kunst des Blumensteckens. (0548) Von G. Vocke, 152 S., 47 Farbfotos, kart. ●●

Blumengestecke im Ikebanastil
(5041) Von G. Vocke, 64 S., 37 Farbfotos, viele Zeichnungen, Pappband. ●●

Hobby Trockenblumen
Gewürzsträuße, Gestecke, Kränze, Buketts. (0643) Von R. Strobel-Schulze, 88 S., 170 Farbfotos, kart. ●●

Hobby Gewürzsträuße
und zauberhafte Gebinde nach Salzburger Art. (0726) Von A. Ott, 80 S., 101 Farbfotos, 51 farbige Zeichnungen, kart. ●●

Trockenblumen und Gewürzsträuße
(5084) Von G. Vocke, 64 S., 63 Farbfotos, Pappband. ●●

Arbeiten mit Ton
Töpfern mit und ohne Scheibe. (5048) Von J. Fricke, 128 S., 15 Farbtafeln, 166 s/w-Fotos, kart. ●●

Töpfern
als Kunst und Hobby. (4073) Von J. Fricke, 132 S., 37 Farbfotos, 222 s/w-Fotos, Pappband. ●●●●

Die hier vorgestellten Bücher, Videokassetten und Software sind in folgende Preisgruppen unterteilt:

● Preisgruppe bis DM 10,–/S 79,–
●● Preisgruppe über DM 10,– bis DM 20,– S 80,– bis S 160,–
●●● Preisgruppe über DM 20,– bis DM 30,– S 161,– bis S 240,–
●●●● Preisgruppe über DM 30,– bis DM 50,– S 241,– bis S 400,–
●●●●● Preisgruppe über DM 50,–/S 401,–
*(unverbindliche Preisempfehlung)

FALKEN VERLAG

Die Preise entsprechen dem Status beim Druck dieses

Schöne Sachen modellieren
Originelles aus Cernit – ideenreich gestaltet. (0762) Von G. Thelen, 32 S., 105 Farbfotos, Pappband. ●

Porzellanpuppen
Zauberhafte alte Puppen selbst nachbilden. (5138) Von C. A. und D. Stanton, 64 S., 58 Farbfotos, 22 Zeichnungen, Pappband. ●●

Zauberhafte alte Puppen
Sammeln · Restaurieren · Nachbilden (4255) Von C. A. Stanton, J. Jacobs, 120 S., 157 Farbfotos, 24 Zeichnungen, Pappband. ●●●●

Marionetten
entwerfen · gestalten · führen (5118) Von A. Krause und A. Bayer, 64 S., 83 Farbfotos, 2 s/w-Fotos, 40 Zeichnungen, Pappband. ●●

Stoffpuppen
Liebenswerte Modelle selbermachen. (5150) Von I. Wolff, 56 S., 115 Farbfotos, 15 Zeichnungen, mit Schnittmusterbogen, Pappband. ●●

Hobby Puppen
Bezaubernde Modelle selbst gestalten. (0742) Von B. Wenzelburger, 88 S., 163 Farbfotos, 41 Zeichnungen, 11 Schnittmuster, kart. ●●

Puppen und Figuren aus Kunstporzellan
gießen, bemalen und gestalten. (0735) Von G. Baumgarten, 32 S., 86 Farbfotos, Pappband. ●

Selbstgestrickte Puppen
Materialien und Arbeitsanleitungen. (0638) Von B. Wehrle, 32 S., 23 Farbfotos, 24 Zeichnungen, Pappband. ●

Dekorative Rupfenpuppen
Arbeitsanleitungen und Gestaltungsvorschläge. (0733) Von B. Wenzelburger, 32 S., 57 Farbfotos, 14 Zeichnungen, Spiralbindung. ●

Phantasiepuppen stricken und häkeln
Märchenhafte Modelle mit Arbeitsanleitungen. (0813) Von B. Wehrle, 32 S., 26 Farbfotos, 30 einfarbige und 16 dreifarbige Zeichnungen, Pappband. ●

Schritt für Schritt zum Scherenschnitt
Materialien · Techniken · Gestaltungsvorschläge. (0732) Von H. Klingmüller, 32 S., 38 Farbfotos, 34 Vorlagen, Pappband. ●

Garagentore selbst bemalt
Techniken und Motive. (0786) Von H. u. Y. Nadolny, 32 S., 24 Farbfotos, 12 s/w-Zeichnungen, Pappband. ●

Alle Jahre wieder…
Advent und Weihnachten
Basteln – Backen – Schmücken – Singen – Vorlesen – Feiern
(4260) Von H. und Y. Nadolny, 256 S., 105 Farbfotos, 130 Zeichnungen, Pappband. ●●●

Freizeit

Aktfotografie
Interpretationen zu einem unerschöpflichen Thema.
Gestaltung · Technik · Spezialeffekte. (0737) Von H. Wedewardt, 88 S., 144 Farb- und 6 s/w-Fotos, 6 Zeichnungen, kart. ●●

Videokassette Aktfotografie
Laufzeit ca. 60 Min. In Farbe. (6001/VHS, 6002/Video 2000, 6003/Beta) ●●●●●*

So macht man bessere Fotos
Das meistverkaufte Fotobuch der Welt. (0614) Von M. L. Taylor, 192 S., 457 Farbfotos, 15 Abb., kart. ●●

Falken-Handbuch **Trickfilmen**
Flach-, Sach- und Zeichentrickfilme – von der Idee zur Ausführung. (4131) Von H.-D. Wilden, 144 S., über 430 überwiegend farbige Abb., Pappband. ●●●●

Schmalfilmen
Ausrüstung · Aufnahmepraxis · Schnitt Ton. (0342) Von U. Ney, 108 S., 4 Farbtafeln, 25 s/w-Fotos, kart. ●

Schmalfilme selbst vertonen
(0593) Von U. Ney, 96 S., 57 s/w-Fotos, 14 Zeichnungen, kart. ●

Fotografie – Das Schöne als Ziel
Zur Ästhetik und Psychologie der visuellen Wahrnehmung. (4122) Von E. Stark, 208 S., 252 Farbfotos, 63 Zeichnungen, Ganzleinen. ●●●●●

Videografieren
Filmen mit Video 8
Technik – Bildgestaltung – Schnitt – Vertonnung. (0843) Von M. Wild und K. Möller, 120 S., 101 Farbfotos, 22 s/w-Fotos, 52 Zeichnungen, kart. ●●

Videokassette
Videografieren
Filmen mit Video 8
Technik – Bildgestaltung – Schnitt – Vertonung. (6031) VHS, (6033) Beta, (6034) Sony 8 mm, von M. Wild, 60 Min., in Farbe. ●●●●●*

Ferngelenkte Motorflugmodelle
bauen und fliegen. (0400) Von W. Thies, 184 S., mit Zeichnungen und Detailplänen, kart. ●●

Flugmodelle
bauen und einfliegen. (0361) Von W. Thies und W. Rolf, 160 S., 63 Abb., 7 Faltpläne, kart. ●●

Kleine Welt auf Rädern
Das faszinierende Spiel mit **Modelleisenbahnen** (4175) Von F. Eisen, 256 S., 72 Farb- und 180 s/w-Fotos, 25 Zeichnungen, Pappband. ●●●

Modelleisenbahnen im Freien
Mit Volldampf durch den Garten. (4245) Von F. Eisen, 96 S., 115 Farb-, 4 s/w-Fotos, 5 Zeichnungen, Pappband. ●●●

Videokassette
Die Modelleisenbahn
Anlagenbau in Modultechnik.
Neue kreative Gestaltung.
Neue raffinierte Techniken.
(6028) VHS, (6029) Video 2000, (6030) Beta, von J. Grahn, 30 Min., in Farbe. ●●●●*

Raketen auf Rädern
Autos und Motorräder an der Schallgrenze (4220) Von H. G. Isenberg, 96 S., 112 Farbfotos, 21 s/w-Fotos, Pappband. ●●●

Die rasantesten Rallyes der Welt
(4213) Von H. G. Isenberg und D. Maxeiner, 96 S., 116 Farbfotos, Pappband. ●●●

Trucks
Giganten der Landstraßen in aller Welt. (4222) Von H. G. Isenberg, 96 S., 131 Farbfotos, Pappband. ●●●

Die Super-Trucks der Welt
(4257) Von H. G. Isenberg, 194 S., 205 Farbfotos, 87 s/w-Fotos, 7 Farbzeichnungen, 4 Ausklapptafeln, Pappband. ●●●●

Ferngelenkte Elektromodelle
bauen und fliegen. (0700) Von W. Thies, 144 S., 52 s/w-Fotos, 50 Zeichnungen, kart. ●●

Schiffsmodelle
selber bauen. (0500) Von D. und R. Lochner, 200 S., 93 Zeichnungen, 2 Faltpläne, kart. ●●

Dampflokomotiven
(4204) Von W. Jopp, 96 S., 134 Farbfotos, Pappband. ●●●

Ferngelenkte Segelflugmodelle
bauen und fliegen. (0446) Von W. Thies, 176 S., 22 s/w-Fotos, 115 Zeichnungen, kart. ●●

Die schnellsten Motorräder der Welt
(4206) Von H. G. Isenberg und D. Maxeiner, 96 S., 100 Farbfotos, Pappband. ●●●

Motorrad-Hits
Chopper, Tribikes, Heiße Öfen. (4221) Von H. G. Isenberg, 96 S., 119 Farbfotos, Pappband. ●●●

Die Super-Motorräder der Welt
(4193) Von H. G. Isenberg, 192 S., 170 Farb- und 100 s/w-Fotos, 8 Zeichnungen, Pappband. ●●●●

Motorrad-Faszination
Heiße Öfen, von denen jeder träumt. (4223) Von H. G. Isenberg, 96 S., 103 Farb- und 20 s/w-Fotos, Pappband. ●●●

Münzen
Ein Brevier für Sammler. (0353) Von E. Dehnke, 128 S., 4 Farbtafeln, 17 s/w-Abb., kart. ●●

Astronomie als Hobby
Sternbilder und Planeten erkennen und benennen. (0572) Von D. Block, 176 S., 16 Farbtafeln, 49 s/w-Fotos, 93 Zeichnungen, kart. ●●

Astronomie im Bild
Unser Sternenhimmel rund ums Jahr
(0849) Von Dr. E. Übelacker, 88 S., 48 Farbfotos, 1 s/w-Foto, 68 Farbzeichnungen, kart. ●●

Gitarre spielen
Ein Grundkurs für den Selbstunterricht. (0534) Von A. Roßmann, 96 S., 1 Schallfolie, 150 Zeichnungen, kart. ●●●

Falken-Handbuch **Zaubern**
Über 400 verblüffende Tricks. (4063) Von F. Stutz, 368 S., 1200 Zeichnungen, Pappband. ●●●●

Zaubertricks für jedermann
(0282) Von J. Merlin, 176 S., 113 Abb., kart. ●●

Die hier vorgestellten Bücher, Videokassetten und Software sind in folgende Preisgruppen unterteilt:

● Preisgruppe bis DM 10,–/S 79,–
●● Preisgruppe über DM 10,– bis DM 20,– S 80,– bis S 160,–
●●● Preisgruppe über DM 20,– bis DM 30,– S 161,– bis S 240,–
●●●● Preisgruppe über DM 30,– bis DM 50,– S 241,– bis S 400,–
●●●●● Preisgruppe über DM 50,–/S 401,–
*(unverbindliche Preisempfehlung)

FALKEN VERLAG

Zaubern
einfach – aber verblüffend. (2018) Von D. Buoch, 84 S., 41 Zeichnungen, kart. ●

Magische Zaubereien
(0672) Von W. Widenmann, 64 S., 31 Zeichnungen, kart. ●

Mit vollem Genuß
Pfeife rauchen
Alles über Tabaksorten, Pfeifen und Zubehör. (4227) Von H. Behrens, H. Frickert, 168 S., 127 Farbfotos, 18 Zeichnungen, Pappband. ●●●●

Mineralien, Steine und Fossilien
Grundkenntnisse für Hobby-Sammler. (0437) Von D. Stobbe, 96 S., 16 Farbtafeln, 14 s/w-Fotos, 10 Zeichnungen, kart. ●

Freizeit mit dem Mikroskop
(0291) Von M. Deckart, 132 S., 8 Farbtafeln, 64 s/w Abb., 2 Zeichnungen, kart. ●

Briefmarken
sammeln für Anfänger. (0481) Von D. Stein, 120 S., 4 Farbtafeln, 98 s/w-Abb., kart. ●

Wir lernen tanzen
Standard- und lateinamerikanische Tänze. (0200) Von E. Fern, 168 S., 118 s/w-Fotos, 47 Zeichnungen, kart. ●

Tanzstunde
Das Welttanzprogramm · Party-Tanzstunde. (5018) Von G. Hädrich, 172 S., 443 s/w-Fotos, 140 Zeichnungen, Pappband. ●●

So tanzt man Rock'n'Roll
Grundschritte · Figuren · Akrobatik. (0573) Von W. Steuer und G. Marz, 224 S., 303 Abb., kart. ●●

Tanzen überall
Discofox, Rock'n'Roll, Blues, Langsamer Walzer, Cha-Cha-Cha zum Selberlernen. (0760) Von H. M. Pritzer, 112 S., 128 Farbfotos, kart. ●●

Videokassette **Tanzen überall**
Discofox, Rock'n'Roll, Blues. (6004/VHS, 6005/Video 2000, 6006/Beta) Von H. M. Pritzer, G. Steinheimer, in Farbe, ca. 45 Min. ●●●●●*

Schwarzwald-Romantik
Vom Zauber einer deutschen Landschaft. (4232) Hrsg. A. Rolf, 184 S., 273 Farbfotos, Pappband. ●●●

Sport

Judo
Grundlagen des Stand- und Bodenkampfes. (4013) Von W. Hofmann, 244 S., 589 Fotos, Pappband. ●●●

Neue Lehrmethoden der Judo-Praxis
(0424) Von P. Herrmann, 223 S., 475 Abb., kart. ●●

Judo
Grundlagen – Methodik. (0305) Von M. Ohgo, 208 S., 1025 Fotos, kart. ●●

Fußwürfe
für Judo, Karate und Selbstverteidigung. (0439) Von H. Nishioka, 96 S., 260 Abb., kart. ●

Karate für alle
Karate-Selbstverteidigung in Bildern. (0314) Von A. Pflüger, 112 S., 356 s/w-Fotos, kart. ●

Karate für Frauen und Mädchen
Sport und Selbstverteidigung. (0425) Von A. Pflüger, 168 S., 259 s/w-Fotos, kart. ●●

Nakayamas Karate perfekt 1
Einführung. (0487) Von M. Nakayama, 136 S., 605 s/w-Fotos, kart. ●●

Nakayamas Karate perfekt 2
Grundtechniken. (0512) Von M. Nakayama, 136 S., 354 s/w-Fotos, 53 Zeichnungen, kart. ●●

Nakayamas Karate perfekt 3
Kumite 1: Kampfübungen. (0538) Von M. Nakayama, 128 S., 424 s/w-Fotos, kart. ●●

Nakayamas Karate perfekt 4
Kumite 2: Kampfübungen. (0547) Von M. Nakayama, 128 S., 394 s/w-Fotos, kart. ●●

Nakayamas Karate perfekt 5
Kata 1: Heian, Tekki. (0571) Von M. Nakayama, 144 S., 1229 s/w-Fotos, kart. ●●

Nakayamas Karate perfekt 6
Kata 2: Bassai-Dai, Kanku-Dai, (0600) Von M. Nakayama, 144 S., 1300 s/w-Fotos, 107 Zeichnungen, kart. ●●

Nakayamas Karate perfekt 7
Kata 3: Jitte, Hangetsu, Empi. (0618) Von M. Nakayama, 144 S., 1988 s/w-Fotos, 105 Zeichnungen, kart. ●●

Nakayamas Karate perfekt 8
Gankaku, Jion. (0650) Von M. Nakayama, 144 S., 1174 s/w-Fotos, 99 Zeichnungen, kart. ●●

Kontakt-Karate
Ausrüstung · Technik · Training. (0396) Von A. Pflüger, 112 S., 238 s/w-Fotos, kart. ●●

Karate-Do
Das Handbuch des modernen Karate. (4028) Von A. Pflüger, 360 S., 1159 Abb., Pappband. ●●●●

Bo-Karate
Kukishin-Ryu – die Techniken des Stockkampfes. ((0447) Von G. Stiebler, 176 S., 424 s/w-Fotos, 38 Zeichnungen, kart. ●●

Karate I
Einführung · Grundtechniken. (0227) Von A. Pflüger, 148 S., 195 s/w-Fotos, 120 Zeichnungen, kart. ●

Karate II
Kombinationstechniken · Katas. (0239) Von A. Pflüger, 176 S., 452 s/w-Fotos und Zeichnungen, kart. ●

Karate Kata 1
Heian 1-5, Tekki 1, Bassai Dai. (0683) Von W.-D. Wichmann, 164 S., 703 s/w-Fotos, kart. ●●

Karate Kata 2
Jion, Empi, Kanku-Dai, Hangetsu. (0723) Von W.-D. Wichmann, 140 S., 661 s/w Fotos, 4 Zeichnungen, kart. ●●

25 Shotokan-Katas
Auf einen Blick: Karate-Katas für Prüfungen und Wettkämpfe (0859) Von A. Pflüger, 88 S., 185 s/w-Abbildungen, 26 ganzseitige Tafeln mit über 1.600 Einzelschritten, kart. ●●

Ninja 1
Die Lehre der Schattenkämpfer. (0758) Von S. K. Hayes, 144 S., 137 s/w-Fotos, kart. ●●

Ninja 2
Die Wege zum Shoshin (0763) Von S. K. Hayes, 160 S., 309 s/w-Fotos, kart. ●●

Ninja 3
Der Pfad des Togakure-Kämpfers. (0764) Von S. K. Hayes, 144 S., 197 s/w-Fotos, 2 Zeichnungen, kart. ●●

Ninja 4
Das Vermächtnis der Schattenkämpfer. (0807) Von S. K. Hayes, 196 S., 466 s/w-Fotos, kart. ●●

Der König des Kung-Fu
Bruce Lee
Sein Leben und Kampf. (0392) Von seiner Frau Linda. 136 S., 104 s/w-Fotos, kart. ●●

Bruce Lees Kampfstil 1
Grundtechniken. (0473) Von B. Lee und M. Uyehara, 109 S., 220 Abb., kart. ●

Bruce Lees Kampfstil 2
Selbstverteidigungs-Techniken. (0486) Von B. Lee und M. Uyehara, 128 S., 310 Abb., kart. ●

Bruce Lees Kampfstil 3
Trainingslehre. (0503) Von B. Lee und M. Uyehara, 112 S., 246 Abb., kart. ●

Bruce Lees Kampfstil 4
Kampftechniken. (0523) Von B. Lee und M. Uyehara, 104 S., 211 Abb., kart. ●

Bruce Lees Jeet Kune Do
(0440) Von B. Lee, 192 S., mit 105 eigenhändigen Zeichnungen von B. Lee, kart. ●●

Ju-Jutsu 1
Grundtechniken – Moderne Selbstverteidigung. (0276) Von W. Heim und F. J. Gresch, 160 S., 460 s/w-Fotos, 8 Zeichnungen, kart. ●

Ju-Jutsu 2
für Fortgeschrittene und Meister. (0378) Von W. Heim und F. J. Gresch, 164 S., 798 s/w-Fotos, kart. ●●

Ju-Jutsu 3
Spezial-, Gegen- und Weiterführungs-Techniken. (0485) Von W. Heim und F. J. Gresch, 214 S., über 600 s/w-Fotos, kart. ●●

Ju-Jutsu als Wettkampf
(0826) Von G. Kulot, 168 S., 418 s/w-Fotos, 2 Zeichnungen, kart. ●●

Nunchaku
Waffe · Sport · Selbstverteidigung. (0373) Von A. Pflüger, 144 S., 247 Abb., kart. ●●

Shuriken · Tonfa · Sai
Stockfechten und andere bewaffnete Kampfsportarten aus Fernost. (0397) Von A. Schulz, 96 S., 253 s/w-Fotos, kart. ●●

Die hier vorgestellten Bücher, Videokassetten und Software sind in folgende Preisgruppen unterteilt:

● Preisgruppe bis DM 10,–/S 79,–
●● Preisgruppe über DM 10,– bis DM 20,– S 80,– bis S 160,–
●●● Preisgruppe über DM 20,– bis DM 30,– S 161,– bis S 240,–
●●●● Preisgruppe über DM 30,– bis DM 50,– S 241,– bis S 400,–
●●●●● Preisgruppe über DM 50,–/S 401,–
*(unverbindliche Preisempfehlung)

FALKEN VERLAG

Illustriertes Handbuch des Taekwondo
Koreanische Kampfkunst und Selbstverteidigung. (4053) Von K. Gil, 248 S., 1026 Abb., Pappband. ●●●

Taekwon-Do
Koreanischer Kampfsport. (0347) Von K. Gil, 152 S., 408 Abb., kart. ●●

Aikido
Lehren und Techniken des harmonischen Weges. (0537) Von R. Brand, 280 S., 697 Abb., kart. ●●

Kung-Fu und Tai-Chi
Grundlagen und Bewegungsabläufe. (0367) Von B. Tegner, 182 S., 370 s/w-Fotos, kart. ●●

Kung-Fu
Theorie und Praxis klassischer und moderner Stile. (0376) Von M. Pabst, 160 S., 330 Abb., kart. ●●

Shaolin-Kempo – Kung-Fu
Chinesisches Karate im Drachenstil. (0395) Von R. Czerni und K. Konrad. 246 S., 723 Abb., kart. ●●

Hap Ki Do
Grundlagen und Techniken koreanischer Selbstverteidigung. (0379) Von Kim Sou Bong, 112 S., 153 Abb., kart. ●●

Dynamische Tritte
Grundlagen für den Zweikampf. (0438) Von C. Lee, 96 S., 398 s/w-Fotos, 10 Zeichnungen, kart. ●

Kickboxen
Fitneßtraining und Wettkampfsport. (0795) Von G. Lemmens, 96 S., 208 s/w-Fotos, 23 Zeichnungen, kart. ●●

Selbstverteidigung
Abwehrtechniken für Sie und Ihn (0853) Von E. Deser, 96 S., 259 s/w-Fotos, kart. ●

Muskeltraining mit Hanteln
Leistungssteigerung für Sport und Fitness. (0676) Von H. Schulz, 108 S., 92 s/w-Fotos, 2 Zeichnungen, kart. ●

Leistungsfähiger durch Krafttraining
Eine Anleitung für Fitness-Sportler, Trainer und Athleten (0617) Von W. Kieser, 100 S., 20 s/w-Fotos, 62 Zeichnungen, kart. ●

Die Faszination athletischer Körper
Bodybuilding
mit Weltmeister Ralf Möller (4281) Von R. Möller, 128 S., 169 Farbfotos, 14 s/w-Fotos, 1 Farbzeichnung, Pappband. ●●●●

Bodybuilding
Anleitung zum Muskel- und Konditionstraining für sie und ihn. (0604) Von R. Smolana. 160 S., 171 s/w-Fotos, kart. ●●

Hanteltraining zu Hause
(0800) Von W. Kieser, 80 S., 71 s/w-Fotos, 4 Zeichnungen, kart. ●

Fit und gesund
Körpertraining und Bodybuilding zu Hause. (0782) Von H. Schulz, 80 S., 100 Farbfotos, 3 Zeichnungen, kart. ●●

Videokassette:
Fit und gesund
VHS (6013), Video 2000 (6014), Beta (6015), Laufzeit 30 Minuten, in Farbe. ●●●●*

Bodybuilding für Frauen
Wege zu Ihrer Idealfigur (0661) Von H. Schulz, 108 S., 84 s/w-Fotos, 4 Zeichnungen, kart. ●●

Isometrisches Training
Übungen für Muskelkraft und Entspannung. (0529) Von L. M. Kirsch, 140 S., 162 s/w-Fotos, kart. ●

Spaß am Laufen
Jogging für die Gesundheit. (0470) Von W. Sonntag, 140 S., 41 s/w-Fotos, 1 Zeichnung, kart. ●

Mein bester Freund, der Fußball
(5107) Von D. Brüggemann und D. Albrecht, 144 S., 171 Abb., kart. ●●

Fußball
Training und Wettkampf. (0448) Von H. Obermann und P. Walz, 166 S., 92 s/w-Fotos, 15 Zeichnungen, 29 Diagramme, kart. ●●

Handball
Technik · Taktik · Regeln. (0426) Von F. und P. Hattig, 128 S., 91 s/w-Fotos, 121 Zeichnungen, kart. ●●

Volleyball
Technik · Taktik · Regeln. (0351) Von H. Huhle, 104 S., 330 Abb., kart. ●

Basketball
Technik und Übungen für Schule und Verein. (0279) Von C. Kyriasoglou, 116 S., mit 252 Übungen zur Basketballtechnik, 186 s/w-Fotos und 164 Zeichnungen, kart. ●●

Hockey
Technische und taktische Grundlagen. (0398) Von H. Wein, 152 S., 60 s/w-Fotos, 30 Zeichnungen, kart. ●●

Eishockey
Lauf- und Stocktechnik, Körperspiel, Taktik, Ausrüstung und Regeln. (0414) Von J. Čapla, 264 S., 548 s/w-Fotos, 163 Zeichnungen, kart. ●●

Badminton
Technik · Taktik · Training. (0699) Von K. Fuchs, L. Sologub, 168 S., 51 Abb., kart., ●●

Golf
Ausrüstung · Technik · Regeln. (0343) Von J. C. Jessop, übersetzt von H. Biemer, mit einem Vorwort von H. Krings, Präsident des Deutschen Golf-Verbandes, 160 S., 65 Abb., Anhang Golfregeln des DGV, kart. ●●

Pool-Billard
(0484) Herausgegeben vom Deutschen Pool-Billard-Bund, von M. Bach und K.-W. Kühn, 88 S., mit über 80 Abb., kart. ●

Sportschießen
für jedermann. (0502) Von A. Kovacic, 124 S., 116 s/w-Fotos, kart. ●●

Fechten
Florett · Degen · Säbel. (0449) Von E. Beck, 88 S., 219 Fotos und Zeichnungen, kart. ●●

Fibel für Kegelfreunde
Sport- und Freizeitkegeln · Bowling. (0191) Von G. Bocsai, 72 S., 62 Abb., kart. ●

Beliebte und neue Kegelspiele
(0271) Von G. Bocsai, 92 S., 62 Abb., kart. ●

111 spannende Kegelspiele
(2031) Von H. Regulski, 88 S., 53 Zeichnungen, kart. ●

Ski-Gymnastik
Fit für Piste und Loipe. (0450) Von H. Pilss-Samek, 104 S., 67 s/w-Fotos, 20 Zeichnungen, kart. ●

Die neue Skischule
Ausrüstung · Technik · Trickskilauf · Gymnastik. (0369) Von C. und R. Kerler, 128 S., 100 Abb., kart. ●

Skilanglauf, Skiwandern
Ausrüstung · Techniken · Skigymnastik. (5129) Von T. Reiter und R. Kerler, 80 S., 8 Farbtafeln, 85 Zeichnungen und s/w-Fotos, kart. ●●

Alpiner Skisport
Ausrüstung · Techniken · Skigymnastik (5130) Von K. Meßmann, 128 S., 8 Farbtafeln, 93 s/w-Fotos, 45 Zeichnungen, kart. ●●

Die neue Tennis-Praxis
Der individuelle Weg zu erfolgreichem Spiel. (4097) Von R. Schönborn, 240 S., 202 Farbzeichnungen, 31 s/w-Abb., Pappband. ●●●●

Erfolgreiche Tennis-Taktik
(4086) Von R. Ford Greene, übersetzt von M. R. Fischer, 182 S., 87 Abb., kart. ●●

Moderne Tennistechnik
(4187) Von G. Lam, 192 S., 339 s/w-Fotos, 91 Zeichnungen, kart. ●●●

Tennis kompakt
Der erfolgreiche Weg zu Spiel, Satz und Sieg. (5116) Von W. Taferner, 128 S., 82 s/w-Fotos, 67 Zeichnungen, kart. ●●

Tennis
Technik · Taktik · Regeln. (0375) Von H. Elschenbroich, 112 S., 81 Abb., kart. ●

Tischtennis-Technik
Der individuelle Weg zu erfolgreichem Spiel. (0775) Von M. Perger, 144 S., 296 Abb. kart. ●●

Squash
Ausrüstung · Technik · Regeln. (0539) Von D. von Horn und H.-D. Stünitz, 96 S., 55 s/w-Fotos, 25 Zeichnungen, kart. ●

Sporttauchen
Theorie und Praxis des Gerätetauchens. (0647) Von S. Müßig, 144 S., 8 Farbtafeln, 35 s/w-Fotos, 89 Zeichnungen, kart. ●●

Windsurfing
Lehrbuch für Grundschein und Praxis. (5028) Von C. Schmidt, 64 S., 60 Farbfotos, Pappband. ●●

Segeln
Der neue Grundschein – Vorstufe zum A-Schein – Mit Prüfungsfragen. (5147) Von C. Schmidt, 80 S., 8 Farbtafeln, 18 Farbfotos, 82 Zeichnungen, kart., ●●

Sportfischen
Fische – Geräte – Technik. (0324) Von H. Oppel, 144 S., 49 s/w-Fotos, 8 Farbtafeln, kart. ●

Falken-Handbuch
Angeln
in Binnengewässern und im Meer. (4090) Von H. Oppel, 344 S., 24 Farbtafeln, 66 s/w-Fotos, 151 Zeichnungen, gebunden. ●●●●

Die hier vorgestellten Bücher, Videokassetten und Software sind in folgende Preisgruppen unterteilt:

● Preisgruppe bis DM 10,–/S 79,–
●● Preisgruppe über DM 10,– bis DM 20,– S 80,– bis S 160,–
●●● Preisgruppe über DM 20,– bis DM 30,– S 161,– bis S 240,–
●●●● Preisgruppe über DM 30,– bis DM 50,– S 241,– bis S 400,–
●●●●● Preisgruppe über DM 50,–/S 401,–
*(unverbindliche Preisempfehlung)

FALKEN VERLAG

Angeln
Kleine Fibel für den Sportfischer. (0198) Von E. Bondick, 96 S., 116 Abb., kart. ●

Einführung in das Schachspiel
(0104) Von W. Wollenschläger und K. Colditz, 92 S., 116 Diagramme, kart. ●

Schach mit dem Computer
(0747) Von D. Frickenschmidt, 140 S., 112 Diagramme, 29 s/w-Fotos, 5 Zeichnungen, kart. ●●

Spielend Schach lernen
(2002) Von T. Schuster, 128 S., kart. ●

Kinder- und Jugendschach
Offizielles Lehrbuch des Deutschen Schachbundes zur Erringung der Bauern-, Turm- und Königsdiplome. (0561) Von B. J. Withuis und H. Pfleger, 144 S., 220 Zeichnungen u. Diagramme, kart. ●●

Neue Schacheröffnungen
(0478) Von T. Schuster, 108 S., 100 Diagramme, kart. ●

Schach für Fortgeschrittene
Taktik und Probleme des Schachspiels. (0219) Von R. Teschner, 96 S., 85 Diagramme, kart. ●

Taktische Schachendspiele
(0752) Von J. Nunn, 200 S., 151 Diagramme, kart. ●●

Schach-WM '85 Karpow – Kasparow.
Mit ausführlichen Kommentaren zu allen Partien. (0785) Von H. Pfleger, O. Borik, M. Kipp-Thomas, 128 S., zahlreiche Abb. und Diagramme, kart. ●●

Die Schach-Revanche
Kasparow/Karpow 1986. (0831) Von O. Borik, H. Pfleger, M. Kipp-Thomas, 144 S., 19 s/w-Fotos, 72 Diagramme, kart. ●●

Schachstrategie
Ein Intensivkurs mit Übungen und ausführlichen Lösungen. (0584) Von A. Koblenz, dt. Bearb. von K. Colditz, 212 S., 240 Diagramme, kart. ●●

Falken-Handbuch **Schach**
(4051) Von T. Schuster, 360 S., über 340 Diagramme, gebunden. ●●●●

Die besten Partien deutscher Schachgroßmeister
(4121) Von H. Pfleger, 192 S., 29 s/w-Fotos, 89 Diagramme, Pappband. ●●●

Turnier der Schachgroßmeister '83
Karpow · Hort · Browne · Miles · Chandler · Garcia · Rogers · Kindermann. (0718) Von H. Pfleger, E. Kurz, 176 S., 29 s/w-Fotos, 71 Diagramme, kart. ●●

Lehr-, Übungs- und Testbuch der Schachkombinationen
(0649) Von K. Colditz, 184 S., 227 Diagramme, kart. ●●

Offizielles Lehrbuch des Deutschen Schachbundes
Das systematische Schachtraining
Trainingsmethoden, Strategien und Kombinationen. (0857) Von Sergiu Samarian, 152 S., 159 Diagramme, 1 Zeichnung, kart. ●●

Zug um Zug
Schach für jedermann 1
Offizielles Lehrbuch des Deutschen Schachbundes zur Erringung des Bauerndiploms. (0648) Von H. Pfleger und E. Kurz, 80 S., 24 s/w-Fotos, 8 Zeichnungen, 60 Diagramme, kart. ●

Zug um Zug
Schach für jedermann 2
Offizielles Lehrbuch des Deutschen Schachbundes zur Erringung des Turmdiploms. (0659) Von H. Pfleger und E. Kurz, 132 S., 8 s/w-Fotos, 14 Zeichnungen, 78 Diagramme, kart. ●

Zug um Zug
Schach für jedermann 3
Offizielles Lehrbuch des Deutschen Schachbundes zur Erringung des Königdiploms. (0728) Von H. Pfleger, G. Treppner, 128 S., 4 s/w-Fotos, 84 Diagramme, 10 Zeichnungen, kart. ●

Schachtraining mit den Großmeistern
(0670) Von H. Bouwmeester, 128 S., 90 Diagramme, kart. ●●

Schach als Kampf
Meine Spiele und mein Weg. (0729) Von G. Kasparow, 144 S., 95 Diagramme, 9 s/w-Fotos, kart. ●●

Helmut Pflegers
Schachkabinett
Amüsante Aufgaben – überraschende Lösungen. (0877) Von H. Pfleger, 160 S., 118 Diagramme, kart. ●●

Spiele, Denksport, Unterhaltung

Kartenspiele
(2001) Von C. D. Grupp, 144 S., kart. ●

Neues Buch der siebzehn und vier Kartenspiele
(0095) Von K. Lichtwitz, 96 S., kart. ●

Alles über Pokern
Regeln und Tricks. (2024) Von C. D. Grupp, 120 S., 29 Kartenbilder, kart. ●

Rommé und Canasta
in allen Variationen. (2025) Von C. D. Grupp, 124 S., 24 Zeichnungen, kart. ●

Schafkopf, Doppelkopf, Binokel, Cego, Gaigel, Jaß, Tarock und andere „Lokalspiele".
(2015) Von C. D. Grupp, 152 S., kart. ●●

Spielend Skat lernen
unter freundlicher Mitarbeit des Deutschen Skatverbandes. (2005) Von Th. Krüger, 156 S., 181 s/w-Fotos, 22 Zeichnungen, kart. ●

Das Skatspiel
Eine Fibel für Anfänger. (0206) Von K. Lehnhoff, überarb. von P. A. Höfges, 96 S., kart. ●

Black Jack
Regeln und Strategien des Kasinospiels. (2032) Von K. Kelbratowski, 88 S., kart. ●

Falken-Handbuch **Patiencen**
Die 111 interessantesten Auslagen. (4151) Von U. v. Lyncker, 216 S., 108 Abbildungen, Pappband. ●●●

Patiencen
in Wort und Bild. (2003) Von I. Wolter, 136 S., kart. ●

Falken-Handbuch **Bridge**
Von den Grundregeln zum Turnierspiel. (4092) Von W. Voigt und K. Ritz, 276 S., 792 Zeichnungen, gebunden. ●●●●

Spielend Bridge lernen
(2012) Von J. Weiss, 108 S., 58 Zeichnungen, kart. ●

Spieltechnik im Bridge
(2004) Von V. Mollo und N. Gardener, deutsche Adaption von D. Schröder, 216 S., kart. ●●

Besser Bridge spielen
Reiztechnik, Spielverlauf und Gegenspiel. (2026) Von J. Weiss, 144 S., 60 Diagramme, kart. ●●

Herausforderung im Bridge
200 Aufgaben mit Lösungen. (2033) Von V. Mollo, 152 S., kart. ●●

Kartentricks
(2010) Von T. A. Rosee, 80 S., 13 Zeichnungen, kart. ●

Mah-Jongg
Das chinesische Glücks-, Kombinations- und Gesellschaftsspiel. (2030) Von U. Eschenbach, 80 S., 30 s/w-Fotos, 5 Zeichnungen, kart. ●

Neue Kartentricks
(2027) Von K. Pankow, 104 S., 20 Abb., kart. ●

Backgammon
für Anfänger und Könner. (2008) Von G. W. Fink und G. Fuchs, 116 S., 41 Abb., kart. ●

Würfelspiele
für jung und alt. (2007) Von F. Pruss, 112 S., 21 s/w-Zeichnungen, kart. ●

Gesellschaftsspiele
für drinnen und draußen. (2006) Von H. Görz, 128 S., kart. ●

Spiele für Party und Familie
(2014) Von Rudi Carrell, 160 S., 50 Abb., kart. ●

Das japanische Brettspiel Go
(2020) Von W. Dörholt, 104 S., 182 Diagramme, kart. ●

Roulette richtig gespielt
Systemspiele, die Vermögen brachten. (0121) Von M. Jung, 96 S., zahlreiche Tabellen, kart. ●

Spielend Roulette lernen
(2034) Von E. P. Caspar, 152 S., 1 s/w-Foto, 45 Zeichnungen, kart. ●●

Denksport und Schnickschnack
für Tüftler und fixe Köpfe. (0362) Von J. Barto, 100 S., 45 Abb., kart. ●

Rätselspiele, Quiz- und Scherzfragen
für gesellige Stunden. (0577) Von K.-H. Schneider, 168 S., über 100 Zeichnungen, Pappband. ●●

Knobeleien und Denksport
(2019) Von K. Rechberger, 142 S., 105 Zeichnungen, kart. ●

Das Geheimnis der magischen Ringe
Alles über das Puzzle vom Würfel-Erfinder. Die schönsten Figuren. (0878) Von Dr. Ch. Bandelow, 96 S., 198 Zeichnungen, 8 Cartoons, kart. ●

Die hier vorgestellten Bücher, Videokassetten und Software sind in folgende Preisgruppen unterteilt:

● Preisgruppe bis DM 10,–/S 79,–
●● Preisgruppe über DM 10,– bis DM 20,– S 80,– bis S 160,–
●●● Preisgruppe über DM 20,– bis DM 30,– S 161,– bis S 240,–
●●●● Preisgruppe über DM 30,– bis DM 50,– S 241,– bis S 400,–
●●●●● Preisgruppe über DM 50,–/S 401,–
*(unverbindliche Preisempfehlung)

FALKEN VERLAG

Die Preise entsprechen dem Status beim Druck dieses

Quiz
Mehr als 1500 ernste und heitere Fragen aus allen Gebieten. (0129) Von R. Sautter und W. Pröve, 92 S., 9 Zeichnungen, kart. ●

500 Rätsel selberraten
(0681) Von E. Krüger, 272 S., kart. ●

365 Schwedenrätsel
(4173) Von Günther Borutta, 336 S., kart. ●●

501 Rätsel selberraten
(0711) Von E. Krüger, 272 S., kart. ●

Riesen-Kreuzwort-Rätsel-Lexikon
über 250.000 Begriffe. (4197) Von H. Schiefelbein, 1024 S., Pappband. ●●●

Das Super-Kreuzwort-Rätsel-Lexikon
Über 150.000 Begriffe. (4279) Von H. Schiefelbein, 688 S., Pappband. ●●

Das große farbige Kinderlexikon
(4195) Von U. Kopp, 320 S., 493 Farbabb., 17 s/w-Fotos, Pappband. ●●●

Das große farbige
Bastelbuch für Kinder
(4254) Von U. Barff, I. Burkhardt, J. Maier, 224 S., 157 Farbfotos, 430 Farb- und 69 s/w-Zeichnungen, Pappband. ●●●

Punkt, Punkt, Komma, Strich
Zeichenstunden für Kinder. (0564) Von H. Witzig, 144 S., über 250 Zeichnungen, kart. ●

Einmal grad und einmal krumm
Zeichenstunden für Kinder. (0599) Von H. Witzig, 144 S., 363 Abb., kart. ●

Kinderspiele
die Spaß machen. (2009) Von H. Müller-Stein, 112 S., 28 Abb., kart. ●

Spiele für Kleinkinder
(2011) Von D. Kellermann, 80 S., 23 Abb., kart. ●

Spiel und Spaß am Krankenbett
für Kinder und die ganze Familie. (2035) Von H. Bücken, 104 S., 97 Zeichnungen, kart. ●

Kasperletheater
Spieltexte und Spielanleitungen · Basteltips für Theater und Puppen. (0641) Von U. Lietz, 136 S., 4 Farbtafeln, 12 s/w-Fotos, 39 Zeichnungen, kart. ●

Tri-tra-trullalla
Neue Texte mit Spielanleitungen fürs Kasperletheater. (0681) Von U. Lietz, 96 S., 18 s/w-Zeichnungen, kart. ●

Kindergeburtstag
Vorbereitung, Spiel und Spaß. (0287) Von Dr. I. Obrig, 104 S., 40 Abb., 11 Zeichnungen, 9 Lieder mit Noten, kart. ●

Kindergeburtstage die keiner vergißt
Planung, Gestaltung, Spielvorschläge. (0698) Von G. und G. Zimmermann, 102 S., 80 Vignetten, kart. ●

Kinderfeste
daheim und in Gruppen. (4033) Von G. Blechner, 240 S., 320 Abb., kart. ●●

Scherzfragen, Drudel und Blödeleien
gesammelt von Kindern. (0506) Hrsg. von W. Pröve, 112 S., 57 Zeichnungen, kart. ●

Komm mit ins Land der Lieder
Das große Buch der Kinder-, Volks- und Chorlieder. (4261) Hrsg. von H. Rauhe, 176 S., 146 Farbzeichnungen, Pappband. ●●●

Die schönsten Wander- und Fahrtenlieder
(0462) Hrsg. von F. R. Miller, empfohlen vom Deutschen Sängerbund, 80 S., mit Noten und Zeichnungen, kart. ●

Die schönsten Volkslieder
(0432) Hrsg. von D. Walther, 128 S., mit Noten und Zeichnungen, kart. ●

Neue Spiele für Ihre Party
(2022) Von G. Blechner, 120 S., 54 Zeichnungen, kart. ●

Lustige Tanzspiele und Scherztänze
für Parties und Feste. (0165) Von E. Bäulke, 80 S., 53 Abb., kart. ●

Straßenfeste, Flohmärkte und Basare
Praktische Tips für Organisation und Durchführung. (0592) Von H. Schuster, 96 S., 52 Fotos, 17 Zeichnungen, kart. ●●

Humor

Heitere Vorträge und witzige Reden
Lachen, Witz und gute Laune. (0149) Von E. Müller, 104 S., 44 Abb., kart. ●

Tolle Sketche
mit zündenden Pointen – zum Nachspielen. (0656) Von E. Cohrs, 112 S., kart. ●

Vergnügliche Sketche
(0476) Von H. Pillau, 96 S., mit 7 Zeichnungen, kart. ●

Heitere Vorträge
(0528) Von E. Müller, 128 S., 14 Zeichnungen, kart. ●

Die große Lachparade
Neue Texte für heitere Vorträge und Ansagen. (0188) Von E. Müller, 80 S., kart. ●

So feiert man Feste fröhlicher
Heitere Vorträge und Gedichte. (0098) Von Dr. Allos, 96 S., 15 Abb., kart. ●

Lustige Vorträge für fröhliche Feiern
(0284) Von K. Lehnhoff, 96 S., kart. ●

Vergnügliches Vortragsbuch
(0091) Von J. Plaut, 192 S., kart. ●

Locker vom Hocker
Witzige Sketche zum Nachspielen. (4262) Von W. Giller, 144 S., 41 Zeichnungen, Pappband. ●●

Fidele Sketche und heitere Vorträge
Humor zum Nachspielen. (0157) Von H. Ehnle. 96 S., kart. ●

Sketche und spielbare Witze
für bunte Abende und andere Feste. (0445) Von H. Friedrich, 120 S., 7 Zeichnungen, kart. ●

Sketsche
Kurzspiele zu amüsanter Unterhaltung. (0247) Von M. Gering, 132 S., 16 Abb., kart., ●

Witzige Sketche zum Nachspielen
(0511) Von D. Hallervorden, 160 S., kart. ●●

Gereimte Vorträge
für Bühne und Bütt. (0567) Von G. Wagner, 96 S., kart. ●

Damen in der Bütt
Scherze, Büttenreden, Sketsche. (0354) Von T. Müller, 136 S., kart. ●

Narren in der Bütt
Leckerbissen aus dem rheinischen Karneval. (0216) Zusammengestellt von T. Lücker, 112 S., kart. ●

Rings um den Karneval
Karnevalsscherze und Büttenreden. (0130) Von Dr. Allos, 136 S., kart. ●

Helau und Alaaf 1
Närrisches aus der Bütt. (0304) Von E. Müller, 112 S., kart. ●

Helau und Alaaf 2
Neue Büttenreden. (0477) Von E. Luft, 104 S., kart. ●

Helau und Alaaf 3
Neue Reden für die Bütt. (0832) Von H. Fauser, 144 S., 13 Zeichnungen, kart. ●

Humor und Stimmung
Ein heiteres Vortragsbuch. (0460) Von G. Wagner, 112 S., kart. ●

Humor und gute Laune
Ein heiteres Vortragsbuch. (0635) Von G. Wagner, 112 S., 5 Zeichnungen, kart. ●

Das große Buch der Witze
(0384) Von E. Holz, 320 S., 36 Zeichnungen, Pappband. ●●

Da lacht das Publikum
Neue lustige Vorträge für viele Gelegenheiten. (0716) Von H. Schmalenbach, 104 S., kart. ●

Witzig, witzig
(0507) Von E. Müller, 128 S., 16 Zeichnungen, kart. ●

Die besten Witze und Cartoons des Jahres 1
(0454) Hrsg. von K. Hartmann, 288 S., 125 Zeichnungen, geb. ●●

Die besten Witze und Cartoons des Jahres 2
(0488) Hrsg. von K. Hartmann, 288 S., 148 Zeichnungen, geb. ●●

Die besten Witze und Cartoons des Jahres 4
(0579) Hrsg. von K. Hartmann, 288 S., 140 Zeichnungen, Pappband. ●●

Die besten Witze und Cartoons des Jahres 5
(0642) Hrsg. von K. Hartmann, 288 S., 88 Zeichnungen, Pappband. ●●

Das Superbuch der Witze
(4146) Von B. Bornheim, 504 S., 54 Cartoons, Pappband. ●●

Die hier vorgestellten Bücher, Videokassetten und Software sind in folgende Preisgruppen unterteilt:

● Preisgruppe bis DM 10,–/S 79,–
●● Preisgruppe über DM 10,– bis DM 20,– S 80,– bis S 160,–
●●● Preisgruppe über DM 20,– bis DM 30,– S 161,– bis S 240,–
●●●● Preisgruppe über DM 30,– bis DM 50,– S 241,– bis S 400,–
●●●●● Preisgruppe über DM 50,–/S 401,–
*(unverbindliche Preisempfehlung)

Witze
Lachen am laufenden Band (4241) Von J. Burkert, D. Kroppach, 400 S., 41 Zeichnungen, Pappband. ●●

Die besten Beamtenwitze
(0574) Hrsg. von W. Pröve, 112 S., 59 Cartoons, kart. ●

Die besten Kalauer
(0705) Von K. Frank, 112 S., 12 Zeichnungen, kart. ●

Robert Lembkes Witzauslese
(0325) Von Robert Lembke, 160 S., 10 Zeichnungen von E. Köhler, Pappband. ●●

Fred Metzlers Witze mit Pfiff
(0368) Von F. Metzler, 120 S., kart. ●

O frivol ist mir am Abend
Pikante Witze von Fred Metzler. (0388) Von F. Metzler, 128 S., mit Karikaturen, kart. ●

Herrenwitze
(0589) Von G. Wilhelm, 112 S., 31 Zeichnungen, kart. ●

Witze am laufenden Band
(0461) Von F. Asmussen, 118 S., kart. ●

Horror zum Totlachen
Gruselwitze
(0536) Von F. Lautenschläger, 96 S., 44 Zeichnungen, kart. ●

Die besten Ostfriesenwitze
(0495) Hrsg. von O. Freese, 112 S., 17 Zeichnungen, kart. ●

Die Kleidermotte ernährt sich von nichts, sie frißt nur Löcher
Stilblüten, Sprüche und Widersprüche aus Schule, Zeitung, Rundfunk und Fernsehen. (0738) Von P. Haas, D. Kroppach, 112 S., zahlr. Abb., kart. ●

Olympische Witze
Sportlerwitze in Wort und Bild. (0505) Von W. Willnat, 112 S., 126 Zeichnungen, kart. ●

Ich lach mich kaputt! Die besten Kinderwitze
(0545) Von E. Hannemann, 128 S., 15 Zeichnungen, kart. ●

Lach mit!
Witze für Kinder, gesammelt von Kindern. (0468) Hrsg. von W. Pröve, 128 S., 17 Zeichnungen, kart. ●

Die besten Kinderwitze
(0757) Von K. Rank, 120 S., 28 Zeichnungen, kart. ●

Lustige Sketche für Jungen und Mädchen
Kurze Theaterstücke für Jungen und Mädchen. (0669) Von U. Lietz und U. Lange, 104 S., kart. ●

Spielbare Witze für Kinder
(0824) Von H. Schmalenbach, 128 S., 30 Zeichnungen, kart. ●

Natur

Falken-Handbuch
Umweltschutz
Das Öko-Testbuch zur Eigeninitiative. (4160) Von M. Häfner, 352 S., 411 Farbf., 152 Farbzeichnungen, Pappband. ●●●●

Pilze
erkennen und benennen. (0380) Von J. Raithelhuber, 136 S., 110 Farbfotos, kart. ●●

Falken-Handbuch **Pilze**
Mit über 250 Farbfotos und Rezepten. (4061) Von M. Knoop, 276 S., 250 Farbfotos, Pappband. ●●●●

Das Gartenjahr
Arbeitsplan für den Hobbygärtner. (4075) Von G. Bambach, 152 S., 16 Farbtafeln, 141 Abb., kart. ●●

Gartenteiche und Wasserspiele
planen, anlegen und pflegen. (4083) Von H. R. Sikora, 160 S., 31 Farb- und 31 s/w-Fotos, 73 Zeichnungen, Pappband. ●●●

Wasser im Garten
Von der Vogeltränke zum Naturteich – Natürliche Lebensräume selbst gestalten. (4230) Von H. Hendel, 240 S., 247 Farbfotos, 68 Farbzeichnungen, Pappband. ●●●●●

Mein kleiner Gartenteich
planen – anlegen – pflegen
(0851) Von I. Polaschek, 144 S., 85 Farbfotos, 10 Farbzeichnungen, kart. ●●

Gärtnern
(5004) Von I. Manz, 64 S., 38 Farbfotos, Pappband. ●●

Gärtner Gustavs Gartenkalender
Arbeitspläne · Pflanzenporträts · Gartenlexikon. (4155) Von G. Schoser, 120 S., 146 Farbfotos, 13 Tabellen, 203 farbige Zeichnungen, Pappband. ●●●

Ziersträucher und -bäume im Garten
(5071) Von I. Manz, 64 S., 91 Farbfotos, Pappband. ●●

Das Blumenjahr
Arbeitsplan für drinnen und draußen. (4142) Von G. Vocke, 136 S., 15 Farbtafeln, kart. ●●

Der richtige Schnitt von Obst- und Ziergehölzen, Rosen und Hecken
(0619) Von E. Zettl, 88 S., 8 Farbtafeln, 39 Zeichnungen, 21 s/w-Fotos, kart. ●

Blumenpracht im Garten
(5014) Von I. Manz, 64 S., 93 Farbfotos, Pappband. ●●

Blütenpracht in Haus und Garten
(4145) Von M. Haberer, u. a., 352 S., 1012 Farbfotos, Pappband. ●●●●

Sag's mit Blumen
Pflege und Arrangieren von Schnittblumen. (5103) Von P. Möhring, 64 S., 68 Farbfotos, 2 s/w-Abb., Pappband. ●●

Grabgestaltung
Bepflanzung und Pflege zu jeder Jahreszeit. (5120) Von N. Uhl, 64 S., 77 Farbfotos, 2 Zeichnungen, Pappband. ●●

Wintergärten
Das Erlebnis, mit der Natur zu wohnen. Planen, Bauen und Gestalten. (4256) Von LOG. ID, 136 S., 130 Farbfotos, 107 Zeichnungen, Pappband. ●●●●

Häuser in lebendigem Grün
Fassaden und Dächer mit Pflanzen gestalten. (0846) Von U. Mehl, K. Werk, 88 S., 116 Farbfotos, 4 Farb- und 17 s/w-Zeichnungen, kart. ●●

Leben im Naturgarten
Der Biogärtner und seine gesunde Umwelt. (4124) Von N. Jorek, 128 S., 68 s/w-Fotos, kart. ●●

So wird mein Garten zum Biogarten
Alles über die Umstellung auf naturgemäßen Anbau. (0706) Von I. Gabriel, 128 S., 73 Farbfotos, 54 Farbzeichnungen, kart. ●●

Gesunde Pflanzen im Biogarten
Biologische Maßnahmen bei Schädlingsbefall und Pflanzenkrankheiten. (0707) Von I. Gabriel, 128 S., 126 Farbfotos, 12 Farbzeichnungen, kart. ●●

Kosmische Einflüsse auf unsere Gartenpflanzen
Sterne beeinflussen Wachstum und Gesundheit der Pflanzen
(0708) Von I. Gabriel, 112 S., 57 Farbfotos, 43 Farbzeichnungen, kart. ●●

Der Biogarten unter Glas und Folie
Ganzjährig erfolgreich ernten. (0722) Von I. Gabriel, 128 S., 62 Farbfotos, 45 Farbzeichnungen, kart. ●●

Obst und Beeren im Biogarten
Gesunde und schmackhafte Früchte durch natürlichen Anbau. (0780) Von I. Gabriel, 128 S., 38 Farbfotos, 71 Farbzeichungen, kart. ●●

Neuanlage eines Biogartens
Planung, Bodenvorbeitung, Gestaltung. (0721) Von I. Gabriel, 128 S., 73 Farbfotos, 39 Zeichnungen, kart. ●●

Der biologische Zier- und Wohngarten
Planen, Vorbereiten, Bepflanzen und Pflegen. (0748) Von I. Gabriel, 128 S., 72 Farbfotos, 46 Farbzeichnungen, kart. ●●

Gemüse im Biogarten
Gesunde Ernte durch naturgemäßen Anbau (0830) Von I. Gabriel, 128 S., 26 Farbfotos, 86 Farbzeichnungen, kart. ●●

Erfolgreich gärtnern
durch naturgemäßen Anbau
(4252) Von I. Gabriel, 416 S., 176 Farbfotos, 212 Farbzeichnungen, Pappband. ●●

Das Bio-Gartenjahr
Arbeitsplan für naturgemäßes Gärtnern. (4169) Von N. Jorek, 128 S., 8 Farbtafeln, 70 s/w-Abb. kart. ●●

Selbstversorgung aus dem eigenen Anbau
Reichen Erntesegen verwerten und haltbar machen. (4182) Von M. Bustorf-Hirsch, M. Hirsch, 216 S., 270 Zeichnungen, Pappband. ●●●

Mischkultur im Nutzgarten
Mit Jahreskalender und Anbauplänen. (0651) Von H. Oppel, 112 S., 8 Farbtafeln, 23 s/w-Fotos, 29 Zeichnungen, kart. ●

Erfolgreich gärtnern mit
Frühbeet und Folien
(0828) Von Dr. Gustav Schoser, 88 S., 8 Farbtafeln, 46 s/w-Fotos, kart. ●

Erfolgstips für den Gemüsegarten
Mit naturgemäßem Anbau zu höherem Ertrag. (0674) Von F. Mühl, 80 S., 30 s/w-Fotos, 4 Zeichnungen, kart. ●

Die hier vorgestellten Bücher, Videokassetten und Software sind in folgende Preisgruppen unterteilt:

● Preisgruppe bis DM 10,– /S 79,–
●● Preisgruppe über DM 10,– bis DM 20,– S 80,– bis S 160,–
●●● Preisgruppe über DM 20,– bis DM 30,– S 161,– bis S 240,–
●●●● Preisgruppe über DM 30,– bis DM 50,– S 241,– bis S 400,–
●●●●● Preisgruppe über DM 50,– /S 401,–
*(unverbindliche Preisempfehlung)

FALKEN VERLAG

Die Preise entsprechen dem Status beim Druck dieses

Erfolgstips für den Obstgarten
Gesunde Früchte durch richtige Sortenwahl und Pflege. (0827) Von F. Mühl, 184 S., 16 Farbtafeln, 33 Zeichnungen, kart. ●●

Gemüse, Kräuter, Obst aus dem Balkongarten
– Erfolgreich ernten auf kleinstem Raum. (0694) Von S. Stein, 32 S., 34 Farbfotos, 6 Zeichnungen, Spiralbindung, kart. ●

Keime, Sprossen, Küchenkräuter
am Fenster ziehen – rund ums Jahr. (0658) Von F. und H. Jantzen, 32 S., 55 Farbfotos, Pappband. ●

Balkons in Blütenpracht
zu allen Jahreszeiten. (5047) Von N. Uhl, 64 S., 80 Farbfotos, Pappband. ●●

Kübelpflanzen
für Balkon, Terrasse und Dachgarten. (5132) Von M. Haberer, 64 S., 70 Farbfotos, Pappband. ●●

Kletterpflanzen
Rankende Begrünung für Fassade, Balkon und Garten. (5140) Von M. Haberer, 64 S., 70 Farbabb., 2 Zeichnungen, Pappband. ●●

Mein Kräutergarten rund ums Jahr
Täglich schnittfrisch und gesund würzen. (4192) Von Prof. Dr. G. Lysek, 136 S., 15 Farbtafeln, 91 Zeichnungen, kart. ●●

Blühende Zimmerpflanzen
94 Arten mit Pflegeanleitungen. (5010) Von R. Blaich, 64 S., 107 Farbfotos, Pappband. ●●

Prof. Stelzers grüne Sprechstunde
Gesunde Zimmerpflanzen
Krankheiten erkennen und behandeln · Mit neuem Diagnosesystem. (4274) Von Prof. Dr. G. Stelzer, 192 S., 410 Farbfotos, 10 s/w-Zeichnungen, Pappband. ●●●

Videokassette
Pflanzenjournal
Blumen- und Pflanzenpflege im Jahreslauf. (6036/VHS) ca. 30 Min., in Farbe, ●●●●*

Blütenpracht in Grolit 2000
Der neue, mühelose Weg zu farbenprächtigen Zimmerpflanzen. (5127) Von G. Vocke, 64 S., 50 Farbfotos, Pappband. ●●

Ziergräser
Über 100 Arten erfolgreich kultivieren. (0829) Von H. Jantra, 104 S., 73 Farbfotos, 6 Farbzeichnungen, kart. ●●

Bonsai
Japanische Miniaturbäume und Miniaturlandschaften. Anzucht, Gestaltung und Pflege. (4091) Von B. Lesniewicz, 160 S., 106 Farbfotos, 46 s/w-Fotos, 115 Zeichnungen, gebunden. ●●●●●

Zimmerbäume, Palmen und andere Blattpflanzen
Standort, Pflege, Vermehrung, Schädlinge. (5111) Von G. Schoser, 96 S., 98 Farbfotos, 7 Zeichnungen, Pappband. ●●

Biologisch zimmergärtnern
Zier- und Nutzpflanzen natürlich pflegen. (4144) Von N. Jorek, 152 S., 15 Farbtafeln, 120 s/w-Fotos, Pappband. ●●

Hydrokultur
Pflanzen ohne Erde – mühelos gepflegt. (4080) Von H.-A. Rotter, 120 S., 82 Abb., Pappband. ●●

Zimmerpflanzen in Hydrokultur
Leitfaden für problemlose Blumenpflege. (0660) Von H.-A. Rotter, 32 S., 76 Farbfotos, 8 farbige Zeichnungen, Pappband, ●

Sukkulenten
Mittagsblumen, Lebende Steine, Wolfsmilchgewächse u. a. (5070) Von W. Hoffmann, 64 S., 82 Farbfotos, Pappband. ●●

Kakteen und andere Sukkulenten
300 Arten mit über 500 Farbfotos. (4116) Von G. Andersohn, 316 S., 520 Farbfotos, 193 Zeichnungen, Pappband. ●●●●

Fibel für Kakteenfreunde
(0199) Von H. Herold, 102 S., 23 Farbfotos, 37 s/w-Abb., kart. ●

Kakteen
Herkunft, Anzucht, Pflege, Arten. (5021) Von W. Hoffmann, 64 S., 70 Farbfotos, Pappband. ●●

Faszinierende Formen und Farben
Kakteen
(4211) Von K. und F. Schild, 96 S., 127 Farbfotos, Pappband. ●●●

Falken-Handbuch **Orchideen**
Lebensraum, Kultur, Anzucht und Pflege. (4231) Von G. Schoser, 144 S., 121 Farbfotos, 28 Farbzeichnungen, Pappband. ●●●

Falken-Handbuch **Katzen**
(4158) Von B. Gerber, 176 S., 294 Farb- und 88 s/w-Fotos, Pappband. ●●●●

DIE TIERSPRECHSTUNDE
Junge Katzen
(0862) Von Dr. med. vet. E. M. Bartenschlager, 72 S., 40 Farbfotos, 4 Farbzeichnungen, kart. ●

Katzen
Rassen · Haltung · Pflege. (4216) Von B. Eilert-Overbeck, 96 S., 82 Farbfotos, Pappband. ●●●

Das neue Katzenbuch
Rassen – Aufzucht – Pflege. (0427) Von B. Eilert-Overbeck, 136 S., 14 Farbfotos, 26 s/w-Fotos, kart. ●

Katzenkrankheiten
Erkennung und Behandlung. Steuerung des Sexualverhaltens. (0652) Von Dr. med. vet. R. Spangenberg, 176 S., 64 s/w-Fotos, 4 Zeichnungen, kart. ●

Falken-Handbuch **Hunde**
(4118) Von H. Bielfeld, 176 S., 222 Farb- und 73 s/w-Abb., Pappband. ●●●●

Hunde
Rassen · Erziehung · Haltung. (4209) Von H. Bielfeld, 96 S., 101 Farbfotos, Pappband. ●●●

Das neue Hundebuch
Rassen · Aufzucht · Pflege. (0009) Von W. Busack, überarbeitet von Dr. med. vet. A. H. Hacker und H. Bielfeld, 112 S., 8 Farbtafeln, 27 s/w-Fotos, 6 Zeichnungen, kart. ●

Falken-Handbuch
Der Deutsche Schäferhund
(4077) Von U. Förster, 228 S., 160 Abb., Pappband. ●●●

Der Deutsche Schäferhund
Aufzucht, Pflege und Ausbildung. (0073) Von A. Hacker, 104 S., 56 Abb., kart. ●

Dackel, Teckel, Dachshund
Aufzucht · Pflege · Ausbildung. (0508) Von M. Wein-Gysae, 112 S., 4 Farbtafeln, 43 s/w-Fotos, 2 Zeichnungen, kart. ●

Hundeausbildung
Verhalten – Gehorsam – Abrichtung. (0346) Von Prof. Dr. R. Menzel, 96 S., 18 Fotos, kart. ●

Grundausbildung für Gebrauchshunde
Schäferhund, Boxer, Rottweiler, Dobermann, Riesenschnauzer, Airedaleterrier, Hovawart und Bouvier. (0801) Von M. Schmidt und W. Koch, 104 S., 8 Farbtafeln, 51 s/w-Fotos, 5 s/w-Zeichnungen, kart. ●

Hundekrankheiten
Erkennung und Behandlung, Steuerung des Sexualverhaltens. (0570) Von Dr. med. vet. R. Spangenberg, 128 S., 68 s/w-Fotos, 10 Zeichnungen, kart. ●

Falken-Handbuch **Pferde**
(4186) Von H. Werner, 176 S., 196 Farb- und 50 s/w-Fotos, 100 Zeichnungen, Pappband. ●●●●

Ponys
Rassen, Haltung, Reiten. (4205) Von S. Braun, 96 S., 84 Farbfotos, Pappband. ●●●

Wellensittiche
Arten · Haltung · Pflege · Sprechunterricht · Zucht. (5136) Von H. Bielfeld, 64 S., 59 Farbfotos, Pappband. ●●

Papageien und Sittiche
Arten · Pflege · Sprechunterricht. (0591) Von H. Bielfeld, 112 S., 8 Farbtafeln, kart. ●

Geflügelhaltung als Hobby
(0749) Von M. Baumeister, H. Meyer, 184 S., 8 Farbtafeln, 47 s/w-Fotos, 15 Zeichnungen, kart. ●●

DIE TIERSPRECHSTUNDE
Alles über Igel in Natur und Garten
(0810) Von Dr. med. vet. E. M. Bartenschlager, 68 S., 51 Farbfotos, kart. ●

DIE TIERSPRECHSTUNDE
Alles über Meerschweinchen
(0809) Von Dr. med. vet. E. M. Bartenschlager, 72 S., 43 Farbfotos, 11 Farbzeichnungen, kart. ●

DIE TIERSPRECHSTUNDE
Tiere im Wassergarten
(0808) Von Dr. med. vet. E. M. Bartenschlager, 96 S., 82 Farbfotos, 7 Zeichnungen, kart. ●

Das Süßwasser-Aquarium
Einrichtung · Pflege · Fische · Pflanzen. (0153) Von H. J. Mayland, 152 S., 16 Farbtafeln, 43 s/w-Zeichnungen, kart. ●●

Falken-Handbuch
Süßwasser-Aquarium
(4191) Von H. J. Mayland, 288 S., 564 Farbfotos, 75 Zeichnungen, Pappband. ●●●●

Die hier vorgestellten Bücher, Videokassetten und Software sind in folgende Preisgruppen unterteilt:

● Preisgruppe bis DM 10,–/S 79,–
●● Preisgruppe über DM 10,– bis DM 20,– S 80,– bis S 160,–
●●● Preisgruppe über DM 20,– bis DM 30,– S 161,– bis S 240,–
●●●● Preisgruppe über DM 30,– bis DM 50,– S 241,– bis S 400,–
●●●●● Preisgruppe über DM 50,–/S 401,–
*(unverbindliche Preisempfehlung)

FALKEN VERLAG

Cichliden
Pflege, Herkunft und Nachzucht der wichtigsten Buntbarscharten. (5144) Von Jo in't Veen, 96 S., 163 Farbfotos, Pappband. ●●

Gesundheit

Die Frau als Hausärztin
Der unentbehrliche Ratgeber für die Gesundheit. (4072) Von Dr. med. A. Fischer-Dückelmann, 808 S., 14 Farbtafeln, 146 s/w-Fotos, 203 Zeichnungen, Pappband. ●●●

Heiltees und Kräuter für die Gesundheit
(4123) Von G. Leibold, 136 S., 15 Farbtafeln, 16 Zeichnungen, kart. ●●

Falken-Handbuch **Heilkräuter**
Modernes Lexikon der Pflanzen und Anwendungen (4076) Von G. Leibold, 392 S., 183 Farbfotos, 22 Zeichnungen, geb. ●●●●

Die farbige Kräuterfibel
Heil- und Gewürzpflanzen. (0245) Von I. Gabriel, 196 S., 49 farbige und 97 s/w-Abb., kart. ●●

Falken-Handbuch **Bio-Medizin**
Alles über die moderne Naturheilpraxis. (4136) Von G. Leibold, 552 S., 38 Farbfotos, 232 s/w-Abb., Pappband. ●●●●

Enzyme
Vitalstoffe für die Gesundheit. (0677) Von G. Leibold, 96 S., kart. ●

Heilfasten
(0713) Von G. Leibold, 108 S., kart. ●

Besser leben durch Fasten
(0841) Von G. Leibold, 100 S., kart. ●

Krebsangst und Krebs behandeln
Mit einem Vorwort von Prof. Dr. med. Friedrich Douwes. (0839) Von G. Leibold, 104 S., kart. ●

Allergien behandeln und lindern
Mit einem Vorwort von Prof. Dr. med. Axel Stemmann. (0840) Von G. Leibold, 104 S., 4 Zeichnungen, kart. ●

Rheuma behandeln und lindern
Mit einem Vorwort von Dr. med. Max-Otto-Bruker (0836) Von G. Leibold, 104 S., kart. ●

Die echte Schroth-Kur
(0797) Von Dr. med. R. Schroth, 88 S., 2 s/w-Fotos, kart. ●

Streß bewältigen durch Entspannung
(0834) Von Dr. med. Chr. Schenk, 88 S., 29 Zeichnungen, kart. ●

Gesundheit und Spannkraft durch Yoga
(0321) Von L. Frank und U. Ebbers, 112 S., 50 s/w-Fotos, kart. ●

Yoga für jeden
(0341) Von K. Zebroff, 156 S., 135 Abb., Spiralbindung, ●●●

Yoga für Schwangere
Der Weg zur sanften Geburt. (0777) Von V. Bolesta-Hahn, 108 S., 76 zweifarbige Abb. kart. ●●

Yoga gegen Haltungsschäden und Rückenschmerzen
(0394) Von A. Raab, 104 S., 215 Abb., kart. ●

Hypnose und Autosuggestion
Methoden – Heilwirkungen – praktische Beispiele. (0483) Von G. Leibold, 116 S., kart. ●

Gesund durch Gedankenenergie
Heilung im gemeinsamen Kraftfeld (6035) Nur VHS, 45 Min., in Farbe ●●●●●*

Autogenes Training
Anwendung · Heilwirkungen · Methoden. (0541) Von R. Faller, 128 S., 3 Zeichnungen, kart. ●

Die fernöstliche Fingerdrucktherapie Shiatsu
Anleitungen zur Selbsthilfe – Heilwirkungen. (0615) Von G. Leibold, 196 S., 180 Abb., kart. ●●

Eigenbehandlung durch Akupressur
Heilwirkungen – Energielehre – Meridiane. (0417) Von G. Leibold, 152 S., 78 Abb., kart. ●

Chinesische Naturheilverfahren
Selbstbehandlung mit bewährten Methoden der physikalischen Therapie. Atemtherapie · Heilgymnastik · Selbstmassage · Vorbeugen · Behandeln · Entspannen. (4247) Von F. Tjoeng Lie, 160 S., 292 zweifarbige Zeichnungen, Pappband. ●●●

Chinesisches Schattenboxen
Tai-Ji-Quan
für geistige und körperliche Harmonie (0850) Von F. T. Lie, 120 S., 221 s/w-Fotos, 9 s/w-Zeichnungen, Beilage: 1 s/w-Poster mit zahlreichen Abbildungen, kart. ●●

Bauch, Taille und Hüfte gezielt formen durch **Aktiv-Yoga**
(0709) Von K. Zebroff, 112 S., 102 Farbfotos, Spiralbindung, ●●

10 Minuten täglich Tele-Gymnastik
(5102) Von B. Manz und K. Biermann, 128 S., 381 Abb., kart. ●●

Gesund und fit durch Gymnastik
(0366) Von H. Pilss-Samek, 132 S., 150 Abb., kart. ●

Stretching
Mit Dehnungsgymnastik zu Entspannung, Geschmeidigkeit und Wohlbefinden. (0717) Von H. Schulz, 80 S., 90 s/w-Fotos, kart. ●

Gesund und leistungsfähig durch
Konditionsübungen, Fitneßtraining, Wirbelsäulengymnastik
(0844) Von R. Milser, K. Grafe, 104 S., 99 Farbfotos, 12 Farbzeichnungen, 5 s/w-Zeichnungen kart. ●●

Gesundheit durch altbewährte Kräuterrezepte und Hausmittel aus der
Natur-Apotheke
(4156) Von G. Leibold, 236 S., 8 Farbtafeln, 100 Zeichnungen, kart., ●●

Diät bei Krankheiten des Magens und Zwölffingerdarms
Rezeptteil von B. Zöllner. (3201) Von Prof. Dr. med. H. Kaess, 96 S., 4 Farbtafeln, kart. ●●

Diät bei Herzkrankheiten und Bluthochdruck
Salzarme (natriumarme) Kost. Rezeptteil von B. Zöllner. (3202) Von Prof. Dr. med. H. Rottka, 92 S., 4 Farbtafeln, kart. ●●

Diät bei Erkrankungen der Nieren, Harnwege und bei Dialysebehandlung
Völlig überarbeitete Neuauflage, durchgehend farbig bebildert. Rezeptteil von B. Zöllner. (3203) Von Prof. Dr. med. Dr. h. c. H. J. Sarre und Prof. Dr. med. R. Kluthe, 96 S., 33 Farbfotos, 1 s/w-Zeichnung, kart. ●●

Richtige Ernährung wenn man älter wird
Völlig überarbeitete Neuauflage, durchgehend farbig bebildert. Rezeptteil von B. Zöllner. (3204) Von Priv.-Doz. Dr. med. H.-J. Pusch und Dr. med. W. Koch, ca. 100 S., ca. 50 Farbfotos, kart. ●●
(erscheint September '87)

Diät bei Gicht und Harnsäuresteinen
Rezeptteil von B. Zöllner. (3205) Von Prof. Dr. med. N. Zöllner, 80 S., 4 Farbtafeln, kart. ●●

Diät bei Zuckerkrankheit
Rezeptteil von B. Zöllner. (3206) Von Prof. Dr. med. P. Dieterle, 80 S., 4 Farbtafeln, kart. ●●

Diät bei Krankheiten der Gallenblase, Leber und Bauchspeicheldrüse
Rezeptteil von B. Zöllner. (3207) Von Prof. Dr. med. H. Kasper, 88 S., 4 Farbtafeln, kart. ●●

Diät bei Störungen des Fettstoffwechsels und zur Vorbeugung der Arteriosklerose
Rezeptteil von B. Zöllner. (3208) Von Prof. Dr. med. G. Wolfram und Dr. med. O. Adam, 104 S., 4 Farbtafeln, kart. ●●

Diät bei Übergewicht
Völlig überarbeitete Neuauflage, durchgehend farbig bebildert. Rezeptteil von B. Zöllner. (3209) Von Priv.-Doz. Dr. med. Ch. Keller, ca. 100 S., ca. 50 Farbfotos, kart. ●●
(erscheint Dezember '87)

Diät bei Darmkrankheiten
Durchfall – Divertikulose, Reizdarm und Darmträgheit – einheimische Sprue (Zöliakie) – Disaccharidasemangel – Dünndarmresektion – Dumping Syndrom. Rezeptteil von B. Zöllner. (3211) Von Prof. Dr. med. G. Strohmeyer, 88 S., 4 Farbtafeln, kart. ●●

Ballaststoffreiche Kost bei Funktionsstörungen des Darms
Rezeptteil von B. Zöllner. (3212) Von Prof. Dr. med. H. Kasper, ca. 100 S., ca. 50 Farbfotos, kart. ●●
(erscheint Oktober '87)

Bildatlas des menschlichen Körpers
(4177) Von G. Pogliani, V. Vannini, 112 S., 402 Farbabb., 28 s/w-Fotos, Pappband, ●●●

Fußmassage
Reflexzonentherapie am Fuß (0714) Von G. Leibold, 96 S., 38 Zeichnungen, kart. ●

Rheuma und Gicht
Krankheitsbilder, Behandlung, Therapieverfahren, Selbstbehandlung, richtige Lebensführung und Ernährung. (0712) Von Dr. J. Höder, J. Bandick, 104 S., kart. ●

Die hier vorgestellten Bücher, Videokassetten und Software sind in folgende Preisgruppen unterteilt:

● Preisgruppe bis DM 10,–/S 79,–
●● Preisgruppe über DM 10,– bis DM 20,– S 80,– bis S 160,–
●●● Preisgruppe über DM 20,– bis DM 30,– S 161,– bis S 240,–
●●●● Preisgruppe über DM 30,– bis DM 50,– S 241,– bis S 400,–
●●●●● Preisgruppe über DM 50,–/S 401,–
*(unverbindliche Preisempfehlung)

FALKEN VERLAG

Die Preise entsprechen dem Status beim Druck dieses

Krampfadern
Ursachen, Vorbeugung, Selbstbehandlung, Therapieverfahren. (0727) Von Dr. med. K. Steffens, 96 S., 38 Abb., kart. ●

Gallenleiden
Krankheitsbilder, Behandlung, Therapieverfahren, Selbstbehandlung, Richtige Lebensführung und Ernährung. (0673) Von Dr. med. K. Steffens, 104 S., 34 Zeichnungen, kart. ●

Asthma
Pseudokrupp, Bronchitis und Lungenemphysem. (0778) Von Prof. Dr. med. W. Schmidt, 120 S., 56 Zeichnungen, kart. ●

Fastenkuren
Wege zur gesunden Lebensführung. Rezepte und Tips für die Nachfastenzeit. Kurzfasten · Saftfastenkuren · Fastenschalttage · Heilfasten
(4248) Von Ha. A. Mehler, H. Keppler, 144 S., 16 s/w-Fotos, 9 Zeichnungen, Pappband. ●●●

Aus dem Schatz der Naturmedizin
Heilkräuterkuren
(4268) Von Dr. med. E. Rauch, Dr. rer. nat. P. Kruletz, 144 S., 49 Zeichnungen, kart. ●●

Vitamine und Ballaststoffe
So ermittle ich meinen täglichen Bedarf (0746) Von Prof. Dr. M. Wagner, I. Bongartz, 96 S., 6 Farbabb., zahlreiche Tabellen, kart. ●

Darmleiden
Krankheitsbilder, Behandlung, Selbstbehandlung, Richtige Lebensführung und Ernährung. (0798) Von Dr. med. K. Steffens, 112 S., 46 Zeichnungen, kart. ●

Massage
(0750) Von B. Rumpler, K. Schutt, 112 S., 116 zweifarbige Zeichnungen, kart. ●●

Ratgeber Aids
Entstehung, Ansteckung, Krankheitsbilder, Heilungschancen, Schutzmaßnahmen. (0803) Von B. Baartman, Vorwort von Dr. med. H. Jäger, 112 S., 8 Farbtafeln, 4 Grafiken, kart. ●●

Wenn Kinder krank werden
Medizinischer Ratgeber für Eltern. (4240) Von Dr. med. I. J. Chasnoff, B. Nees-Delaval, 232 S., 163 Zeichnungen, Pappband. ●●●

Ratgeber Lebenshilfe

Umgangsformen heute
Die Empfehlungen des Fachausschusses für Umgangsformen. (4015) 282 S., 160 s/w-Fotos, 25 Zeichnungen, Pappband. ●●●

Der gute Ton
Ein moderner Knigge. (0063) Von I. Wolter, 168 S., 38 Zeichnungen, 53 s/w-Fotos, kart. ●

Haushaltstips von A bis Z
(0759) Von A. Eder, 80 S., 30 Zeichnungen, kart. ●

Wir heiraten
Ratgeber zur Vorbereitung und Festgestaltung der Verlobung und Hochzeit. (4188) Von C. Poensgen, 216 S., 8 s/w-Fotos, 30 s/w-Zeichnungen, 8 Farbtafeln, Pappband. ●●

Der schön gedeckte Tisch
Vom einfachen Gedeck bis zur Festtafel stimmungsvoll und perfekt arrangiert (4246) Von H. Tapper, 112 S., 206 Farbabbildungen, 21 s/w-Abbildungen, Pappband. ●●●

Familienforschung · Ahnentafel · Wappenkunde
Wege zur eigenen Familienchronik. (0744) Von P. Bahn, 128 S., 8 Farbtafeln, 30 Abbildungen, kart. ●●

Die Kunst der freien Rede
Ein Intensivkurs mit vielen Übungen, Beispielen und Lösungen. (4189) Von G. Hirsch, 232 S., 11 Zeichnungen, Pappband. ●●●

Reden zur Taufe, Kommunion und Konfirmation
(0751) Von G. Georg, 96 S., kart. ●

Der richtige Brief zu jedem Anlaß
Das moderne Handbuch mit 400 Musterbriefen. (4179) Von H. Kirst, 376 S., Pappband. ●●●

Von der Verlobung zur Goldenen Hochzeit
(0393) Von E. Ruge, 120 S., kart. ●

Reden zur Hochzeit
Musteransprachen für Hochzeitstage. (0654) Von G. Georg, 112 S., kart. ●

Glückwünsche, Toasts und Festreden zur Hochzeit.
(0264) Von I. Wolter, 128 S., 18 Zeichnungen, kart. ●

Hochzeits- und Bierzeitungen
Muster, Tips und Anregungen. (0288) Von H.-J. Winkler, mit vielen Text- und Gestaltungsanregungen, 116 S., 15 Abb., 1 Musterzeitung, kart. ●

Kindergedichte zur Grünen, Silbernen und Goldenen Hochzeit
(0318) Von H.-J. Winkler, 104 S., 20 Abb., kart. ●

Kindergedichte für Familienfeste
(0860) Von B. H. Bull, 96 S., 20 Zeichnungen, kart. ●

Die Silberhochzeit
Vorbereitung · Einladung · Geschenkvorschläge · Dekoration · Festablauf · Menüs · Reden · Glückwünsche. (0542) Von K. F. Merkle, 120 S., 41 Zeichnungen, kart. ●

Großes Buch der Glückwünsche
(0255) Hrsg. von O. Fuhrmann, 240 S., 77 Zeichnungen und viele Gestaltungsvorschläge, kart. ●

Neue Glückwunschfibel
für Groß und Klein. (0156) Von R. Christian-Hildebrandt, 96 S., kart. ●

Glückwunschverse für Kinder
(0277) Von B. Ulrici, 80 S., kart. ●

Die Redekunst
Rhetorik · Rednererfolg (0076) Von K. Wolter, überarbeitet von Dr. W. Tappe, 80 S., kart. ●

Reden und Ansprachen
für jeden Anlaß. (4009) Hrsg. von F. Sicker, 454 S., gebunden. ●●●●

Reden zum Jubiläum
Musteransprachen für viele Gelegenheiten (0595) Von G. Georg, 112 S., kart. ●

Reden zum Ruhestand
Musteransprachen zum Abschluß des Berufslebens (0790) Von G. Georg, 104 S., kart. ●

Reden und Sprüche zu Grundsteinlegung, Richtfest und Einzug
(0598) Von A. Bruder, G. Georg, 96 S., kart. ●

Reden zu Familienfesten
Musteransprachen für viele Gelegenheiten. (0675) Von G. Georg, 108 S., kart. ●

Reden zum Geburtstag
Musteransprachen für familiäre und offizielle Anlässe. (0773) Von G. Georg, 104 S., kart. ●

Festreden und Vereinsreden
Ansprachen für festliche Gelegenheiten. (0069) Von K. Lehnhoff, E. Ruge, 88 S., kart. ●

Reden im Verein
Musteransprachen für viele Gelegenheiten. (0703) Von G. Georg, 112 S., kart., ●

Trinksprüche
Fest- und Damenreden in Reimen. (0791) Von L. Metzner, 88 S., 14 s/w-Zeichnungen, kart. ●

Trinksprüche, Richtsprüche, Gästebuchverse
(0224) Von D. Kellermann, 80 S., kart. ●

Ins Gästebuch geschrieben
(0576) Von K. H. Trabeck, 96 S., 24 Zeichnungen, kart. ●

Poesiealbumverse
Heiteres und Besinnliches. (0578) Von A. Göttling, 112 S., 20 Zeichnungen, Pappband. ●●

Verse fürs Poesiealbum
(0241) Von I. Wolter, 96 S., 20 Abb., kart. ●

Rosen, Tulpen, Nelken . . .
Beliebte Verse fürs Poesiealbum
(0431) Von W. Pröve, 96 S., 11 Faksimile-Abb., kart. ●

Der Verseschmied
Kleiner Leitfaden für Hobbydichter. Mit Reimlexikon. (0597) Von T. Parisius, 96 S., 28 Zeichnungen, kart. ●

Moderne Korrespondenz
Handbuch für erfolgreiche Briefe. (4014) Von H. Kirst und W. Manekeller, 544 S., Pappband. ●●●●
DM 39,–/S 319.–

Der neue Briefsteller
Musterbriefe für alle Gelegenheiten. (0060) Von I. Wolter-Rosendorf, 112 S., kart. ●

Geschäftliche Briefe
des Privatmanns, Handwerkers, Kaufmanns. (0041) Von A. Römer, 120 S., kart. ●

Behördenkorrespondenz
Musterbriefe – Anträge – Einsprüche. (0412) Von E. Ruge, 120 S., kart. ●

Musterbriefe
für alle Gelegenheiten. (0231) Hrsg. von O. Fuhrmann, 240 S., kart. ●

Die hier vorgestellten Bücher, Videokassetten und Software sind in folgende Preisgruppen unterteilt:

● Preisgruppe bis DM 10,–/S 79,–
●● Preisgruppe über DM 10,– bis DM 20,– S 80,– bis S 160,–
●●● Preisgruppe über DM 20,– bis DM 30,– S 161,– bis S 240,–
●●●● Preisgruppe über DM 30,– bis DM 50,– S 241,– bis S 400,–
●●●●● Preisgruppe über DM 50,–/S 401,–
*(unverbindliche Preisempfehlung)

FALKEN VERLAG

Privatbriefe
Muster für alle Gelegenheiten. (0114) Von I. Wolter-Rosendorf, 132 S., kart. ●

Briefe zu Geburt und Taufe
Glückwünsche und Danksagungen. (0802) Von H. Beitz, 96 S., 12 Zeichnungen, kart. ●

Briefe zum Geburtstag
Glückwünsche und Danksagungen (0822) Von H. Beitz, 104 S., 22 Zeichnungen, kart. ●

Briefe zur Hochzeit
Glückwünsche und Danksagungen (0852) Von R. Röngen, 96 S., 1 Zeichnung, 39 Vignetten, kart. ●

Erfolgstips für den Schriftverkehr
Briefwechsel leicht gemacht durch einfachen Stil und klaren Ausdruck (0678) Von U. Schoenwald, 120 S., kart. ●

Worte und Briefe der Anteilnahme
(0464) Von E. Ruge, 128 S., mit vielen Abb., kart. ●

Reden in Trauerfällen
Musteransprachen für Beerdigungen und Trauerfeiern (0736) Von G. Georg, 104 S., kart. ●

Lebenslauf und Bewerbung
Beispiele für Inhalt, Form und Aufbau. (0428) Von H. Friedrich, 112 S., kart. ●

Erfolgreiche Bewerbungsbriefe und Bewerbungsformen.
(0138) Von W. Manekeller, 88 S., kart. ●

Die erfolgreiche Bewerbung
Bewerbung und Vorstellung. (0173) Von W. Manekeller, 156 S., kart. ●

Die Bewerbung
Der moderne Ratgeber für Bewerbungsbriefe, Lebenslauf und Vorstellungsgespräche. (4138) Von W. Manekeller, 264 S., Pappband. ●●

Vorstellungsgespräche
sicher und erfolgreich führen. (0636) Von H. Friedrich, 144 S., kart. ●

Keine Angst vor Einstellungstests
Ein Ratgeber für Bewerber. (0793) Von Ch. Titze, 120 S., 67 Zeichnungen, kart. ●

Die ersten Tage am neuen Arbeitsplatz
Ratschläge für den richtigen Umgang mit Kollegen und Vorgesetzten (0855) Von H. Friedrich, 104 S., kart. ●

Zeugnisse im Beruf
richtig schreiben, richtig verstehen. (0544) Von H. Friedrich, 112 S., kart. ●

In Anerkennung Ihrer ...
Lob und Würdigung in Briefen und Reden.
(0535) Von H. Friedrich, 136 S., kart. ●

Erfolgreiche Kaufmannspraxis
Wirtschaftliche Grundlagen, Geld, Kreditwesen, Steuern, Betriebsführung, Recht, EDV. (4046) Von W. Göhler, H. Gölz, M. Heibel, Dr. D. Machenheimer, 544 S., gebunden. ●●●●

Wege zum Börsenerfolg
Aktien · Anleihen · Optionen (4275) Von H. Krause, 252 S., 4 s/w-Fotos, 86 Zeichnungen, Pappband. ●●●

Mietrecht
Leitfaden für Mieter und Vermieter. (0479) Von J. Beuthner, 196 S., kart. ●●

Familienrecht
Ehe – Scheidung – Unterhalt. (4190) Von T. Drewes, R. Hollender, 368 S., Pappband. ●●●

Erziehungsgeld, Mutterschutz, Erziehungsurlaub
Alles über das neue Recht für Eltern. Mit den Gesetzestexten. (0835) Von J. Grönert, 144 S., kart. ●●

Scheidung und Unterhalt
nach dem neuen Eherecht. Mit dem Unterhaltsänderungsgesetz 1986. (0403) Von Rechtsanwalt H. T. Drewes, 112 S., mit Kosten- und Unterhaltstabellen, kart. ●

Präzise Ratschläge für
Ihre optimale Rente
Vorbereitung · Berechnungsgrundlagen · Gesetzesänderungen · Individuelle Redenbeispiele. (0806) Von K. Möcks, 96 S., 24 Formulare, 1 Graphik, kart. ●

Testament und Erbschaft
Erbfolge, Rechte und Pflichten der Erben, Erbschafts- und Schenkungssteuer, Mustertestamente. (4139) Von T. Drewes, R. Hollender, 304 S., Pappband. ●●●

Erbrecht und Testament
Mit Erläuterungen des Erbschaftssteuergesetzes von 1974. (0046) Von Dr. jur. H. Wandrey, 124 S., kart. ●

Endlich 18 und nun?
Rechte und Pflichten mit der Volljährigkeit. (0646) Von R. Rathgeber, 224 S., 27 Zeichnungen, kart. ●●

Was heißt hier minderjährig?
(0765) Von R. Rathgeber, C. Rummel, 148 S., 50 Fotos, 25 Zeichnungen, kart. ●●

Erfolgreiche Bewerbung um einen Ausbildungsplatz
(0715) Von H. Friedrich, 136 S., kart. ●

Elternsache Grundschule
(0692) Hrsg. von K. Meynersen, 324 S., kart. ●●●

Sexualberatung
(0402) Von Dr. M. Röhl, 168 S., 8 Farbtafeln, 17 Zeichnungen, Pappband. ●●

Die Kunst des Stillens
nach neuesten Erkenntnissen (0701) Von Prof. Dr. med. E. Schmidt/ S. Brunn, 112 S., 20 Fotos und Zeichnungen, kart. ●

Wenn Sie ein Kind bekommen
(4003) Von U. Klamroth, Dr. med. H. Oster, 240 S., 86 s/w-Fotos, 30 Zeichnungen, kart. ●●●

Vorbereitung auf die Geburt
Schwangerschaftsgymnastik, Atmung, Rückbildungsgymnastik. (0251) Von S. Buchholz, 112 S., 98 s/w-Fotos, kart. ●

Wie soll es heißen?
(0211) Von D. Köhr, 136 S., kart. ●

Das Babybuch
Pflege · Ernährung · Entwicklung. (0531) Von A. Burkert, 128 S., 16 Farbtafeln, 38 s/w-Fotos, 30 Zeichnungen, kart. ●●

Wenn der Mensch zum Vater wird
Ein heiter-besinnlicher Ratgeber. (4259) Von D. Zimmer, 160 S., 20 Zeichnungen, Pappband. ●●

Die neue Lebenshilfe **Biorhythmik**
Höhen und Tiefen der persönlichen Lebenskurven vorausberechnen und danach handeln. (0458) Von W. A. Appel, 157 S., 63 Zeichnungen, Pappband. ●●

Vom Urkrümel zum Atompilz
Evolution – Ursache und Ausweg aus der Krise. (4181) Von J. Voigt, 188 S., 20 Farb- und 70 s/w-Fotos, 32 Zeichnungen, kart. ●●

Neues Denken – alte Geister
New Age unter der Lupe. (4278) Von G. Myrell, Dr. W. Schmandt, J. Voigt, 176 S., 54 Farbfotos, 3 Zeichnungen, kart. ●●

Dinosaurier
und andere Tiere der Urzeit. (4219) Von G. Alschner, 96 S., 81 Farbzeichnungen, 4 Fotos, Pappband. ●●●

Der Sklave Calvisius
Alltag in einer römischen Provinz 150 n. Chr. (4058) Von A. Ammermann, T. Röhrig, G. Schmidt, 120 S., 99 Farbabb., 47 s/w-Abb., Pappband. ●●

ZDF · ORF · DRS
Kompaß Jugend-Lexikon
(4096) Von R. Kerler, J. Blum, 336 S., 766 Farbfotos, 39 s/w-Abb., Pappband. ●●●●

Psycho-Tests
– Erkennen Sich sich selbst. (0710) Von B. M. Nash, R. B. Monchick, 304 S., 81 Zeichnungen, kart. ●●

Falken-Handbuch **Astrologie**
Charakterkunde · Schicksal · Liebe und Beruf · Berechnung und Deutung von Horoskopen · Aszendenttabelle. (4068) Von B. A. Mertz, 342 S., mit 60 erläuternden Grafiken, gebunden. ●●●

Die Magie der Zahlen
So nutzen Sie die Geheimnisse der Numerologie für Ihr persönliches Glück mit dem völlig neuen Planetennumeroskop (4242) Von B. A. Mertz, 224 S., 36 Abbildungen, Pappband. ●●●

Selbst Wahrsagen mit Karten
Die Zukunft in Liebe, Beruf und Finanzen. (0404) Von R. Koch, 112 S., 252 Abb., Pappband. ●●

Weissagen, Hellsehen, Kartenlegen ...
Wie jeder die geheimen Kräfte ergründen und für sich nutzen kann. (4153) Von G. Haddenbach, 192 S., 40 Zeichnungen, Pappband. ●●

Frauenträume, Männerträume
und ihre Bedeutung. (4198) Von G. Senger, 272 S., mit Traumlexikon, Pappband. ●●●

Wie Sie im Schlaf das Leben meistern
Schöpferisch träumen
Der Klartraum als Lebenshilfe. (4258) Von Prof. Dr. P. Tholey, K. Utecht, 256 S., 1 s/w-Foto, 20 Zeichnungen, Pappband. ●●●

Wahrsagen mit Tarot-Karten
(0482) Von E. J. Nigg, 112 S., 4 Farbtafeln, 52 s/w-Abb., Pappband. ●●

Aztekenhoroskop
Deutung von Liebe und Schicksal nach dem Aztekenkalender. (0543) Von C.-M. und R. Kerler, 160 S., 20 Zeichnungen, Pappband. ●

Die hier vorgestellten Bücher, Videokassetten und Software sind in folgende Preisgruppen unterteilt:

● Preisgruppe bis DM 10,–/S 79,–
●● Preisgruppe über DM 10,– bis DM 20,– S 80,– bis S 160,–
●●● Preisgruppe über DM 20,– bis DM 30,– S 161,– bis S 240,–
●●●● Preisgruppe über DM 30,– bis DM 50,– S 241,– bis S 400,–
●●●●● Preisgruppe über DM 50,–/S 401,–
*(unverbindliche Preisempfehlung)

FALKEN VERLAG

Die Preise entsprechen dem Status beim Druck dieses

Was sagt uns das Horoskop?
Praktische Einführung in die Astrologie. (0655) Von B. A. Mertz, 176 S., 25 Zeichnungen, kart. ●

Das Super-Horoskop
Der neue Weg zur Deutung von Charaker, Liebe und Schicksal nach chinesischer und abendländischer Astrologie. (0465) Von G. Haddenbach, 175 S., kart. ●

Liebeshoroskop für die 12 Sternzeichen
Alles über Chancen, Beziehungen, Erotik, Zärtlichkeit, Leidenschaft. (0587) Von G. Haddenbach, 144 S., 11 Zeichnungen, kart. ●

Die 12 Sternzeichen
Charakter, Liebe und Schicksal. (0385) Von G. Haddenbach, 160 S., Pappband. ●●

Die 12 Tierzeichen im chinesischen Horoskop
(0423) Von G. Haddenbach, 128 S., Pappband. ●

Sternstunden
für Liebe, Glück und Geld, Berufserfolg und Gesundheit. Das ganz persönliche Mitbringsel für Widder (0621), Stier (0622), Zwillinge (0623), Krebs (0624), Löwe (0625), Jungfrau (0626), Waage (0627), Skorpion (0628), Schütze (0629), Steinbock (0630), Wassermann (0631), Fische (0632) Von L. Cancer, 62 S., durchgehend farbig, Zeichnungen, Pappband. ●

So deutet man Träume
Die Bildersprache des Unbewußten. (0444) Von G. Haddenbach, 160 S., Pappband. ●

Die Familie im Horoskop
Glück und Harmonie gemeinsam erleben – Probleme und Gegensätze verstehen und tolerieren. (4161) Von B. A. Mertz, 296 S., 40 Zeichnungen, kart. ●●

Erkennen Sie Psyche und Charakter durch **Handdeutung**
(4176) Von B. A. Mertz, 252 S., 9 s/w-Fotos, 160 Zeichnungen, Pappband. ●●●●

Falken-Handbuch **Kartenlegen**
Wahrsagen mit Tarot-, Skat-, Lenormand- und Zigeunerblättern. (4226) Von B. A. Mertz, 288 S., 38 Farb- und 108 s/w-Abb. Pappband. ●●●●

I Ging der Liebe
Das altchinesische Orakel für Partnerschaft und Ehe. (4244) Von G. Damian-Knight, 320 S., 64 s/w-Zeichnungen, Pappband. ●●●

Bauernregeln, Bauernweisheiten, Bauernsprüche
(4243) Von G. Haddenbach, 192 S., 62 Farbabb. 9 s/w-Fotos, 144 s/w-Zeichnungen, Pappband. ●●●

Neue Medien

Programm und Publikum
Der ständige Versuch einer Annäherung. Beiträge und Reden über das öffentlich-rechtliche Fernsehen. (0874) Von A. Schardt, 167 S., kart. ●●

Computer Grundwissen
Eine Einführung in Funktion und Einsatzmöglichkeiten. (4302) Von W. Bauer, 176 Seiten, 193 Farb- und 12 s/w-Fotos, 37 Computergrafiken, kart., ●●●
(4301) Pappband, ●●●●

Einführung in die Programmiersprache BASIC. (4303) Von S. Curran und R. Curnow, 192 S., 92 Zeichnungen, kart. ●●

Lernen mit dem Computer. (4304) Von S. Curran und R. Curnow, 144 S., 34 Zeichnungen, Spiralbindung, ●●

Computerspiele, Grafik und Musik
(4305) Von S. Curran und R. Curnow, 147 S., 46 Zeichnungen, Spiralbindung. ●●

dBase III
Einführung für Einsteiger und Nachschlagewerk für Profis. (4310) Von J. Brehm, G. A. Karl, 211 S., 23 Abb., kart. ●●●●●

Das Medienpaket
Buch und Programmdiskette „dBase III" zusammen (4312) ●●●●●

Garantiert BASIC lernen mit dem C 128
Mit kompletter Kurs-Diskette (4321) Von A. Görgens, 288 S., 4 s/w-Fotos, 83 Zeichnungen, kart. ●●●●

Grundwissen Informationsverarbeitung
(4314) Von H. Schiro, 312 S., 59 s/w-Fotos, 133 s/w-Zeichnungen, Pappband. ●●●●●

Heimcomputer-Bastelkiste
Messen, Steuern, Regeln mit C 64-, Apple II-, MSX-, TANDY-, MC-, Atari- und Sinclair-Computern. (4309) Von G. A. Karl, 256 S., 160 Zeichnungen, kart. ●●●●

WORDSTAR 2000
Textverarbeitung für Einsteiger und Profis Mit erprobten Anwendungen aus der Praxis. (4317) Von D. Nasser, 200 S., 9 s/w-Fotos, 3 Zeichnungen, kart. ●●●●●

Drucker und Plotter
Text und Grafik für Ihren Computer. (4315) Von K.-H. Koch, 192 S., 12 Farbtafeln, 5 s/w-Fotos, kart. ●●●●

Computergrafik
Von den Grundlagen bis zum perfekten 3 D-Programm
(4319) Von A. Brück, 296 S., 20 Farbtafeln, 180 s/w-Grafiken, 50 s/w- Zeichnungen, 83 Listings, Pappband. ●●●●●

Textverarbeitung mit Home- und Personal-Computern
Systeme – Vergleiche – Anwendungen. (4316) Von A. Görgens, 128 S., 49 s/w-Fotos, kart. ●●●

Die tägliche PC-Praxis
Anwendungshilfen, Programme und Erweiterungen für MS-DOS-Computer (4322) Von A. Görgens, 224 S., 25 Abbildungen, kart. ●●●●

The Grammar Master
Englische Grammatik üben und beherrschen. (7002) Von Data Beutner. Diskette für den C 64, C 128 (im 64er Modus) ●●●●*

Maschinenschreiben
In 10 Tagen spielend gelernt. Von Unterrichtsmedien Hoppius. (7008) Diskette für den C 64 und C 128 PC ●●●●*
(Best.-Nr. Ariolasoft: 72631)
(7009) für IBM + kompatible, ●●●●●*
(Best.-Nr. Ariolasoft: 78631)
(7010) für Schneider CPC 464, 664, 6128, ●●●●●*
(Best.-Nr. Ariolasoft: 74631)

Lernhilfen

Deutsch – Ihre neue Sprache.
Grundbuch (0327) Von H.-J. Demetz und J. M. Puente, 204 S., mit über 200 Abb., kart. ●●

Maschinenschreiben für Kinder
(0274) Von H. Kaus, 48 S., farbige Abb., kart. ●

So lernt man leicht und schnell **Maschinenschreiben**
Lehrbuch für Selbstunterricht und Kurse. (0568) Von J. W. Wagner, 112 S., 31 s/w-Fotos, 36 Zeichnungen, kart. ●●

Maschinenschreiben durch Selbstunterricht
(0170) Von A. Fonfara, 84 S., kart. ●

Stenografie leicht gelernt
im Kursus oder Selbstunterricht. (0266) Von H. Kaus, 64 S., kart. ●

Buchführung
leicht gefaßt. Ein Leitfaden für Handwerker und Gewerbetreibende. (0127) Von R. Pohl. 104 S., kart. ●

Buchführung leicht gemacht
Ein methodischer Grundkurs für den Selbstunterricht. (4238) Von D. Machenheimer, R. Kersten, 252 S., Pappband. ●●●

Schülerlexikon der Mathematik
Formeln, Übungen und Begriffserklärungen für die Klassen 5–10. (0430) Von R. Müller, 176 S., 96 Zeichnungen, kart. ●

Mathematik verständlich
Zahlenbereiche Mengenlehre, Algebra, Geometrie, Wahrscheinlichkeitsrechnung, Kaufmännisches Rechnen. (4135) Von R. Müller, 652 S., 10 s/w- und 109 Farbfotos, 802 farbige und 79 s/w-Zeichnungen, über 2500 Beispiele und Übungen mit Lösungen, Pappband. ●●●●●

Mathematische Formeln für Schule und Beruf
Mit Beispielen und Erklärungen. (0499) Von R. Müller, 156 S., 210 Zeichnungen, kart. ●

Rechnen aufgefrischt
für Schule und Beruf. (0100) Von H. Rausch, 144 S., kart. ●

Mehr Erfolg in der Schule
Der Deutschaufsatz
Übungen und Beispiele für die Klassen 5–10. (4271) Von K. Schreiner, 240 S., 4 s/w-Fotos, 51 Zeichnungen, Pappband. ●●●

Die hier vorgestellten Bücher, Videokassetten und Software sind in folgende Preisgruppen unterteilt:

● Preisgruppe bis DM 10,–/S 79,–
●● Preisgruppe über DM 10,– bis DM 20,– S 80,– bis S 160,–
●●● Preisgruppe über DM 20,– bis DM 30,– S 161,– bis S 240,–
●●●● Preisgruppe über DM 30,– bis DM 50,– S 241,– bis S 400,–
●●●●● Preisgruppe über DM 50,–/S 401,–
*(unverbindliche Preisempfehlung)

FALKEN VERLAG

Mehr Erfolg in Schule und Beruf
Besseres Deutsch
Mit Übungen und Beispielen für Rechtschreibung, Diktate, Zeichensetzung, Aufsätze, Grammatik, Literaturbetrachtung, Stil, Briefe, Fremdwörter, Reden. (4115) Von K. Schreiner, 444 S., 7 s/w-Fotos, 27 Zeichnungen, Pappband. ●●●

Richtiges Deutsch
Rechtschreibung · Zeichensetzung · Grammatik · Stilkunde. (0551) Von K. Schreiner, 128 S., 7 Zeichnungen, kart. ●

Diktate besser schreiben
Übungen zur Rechtschreibung für die Klassen 4–8. (0469) Von K. Schreiner, 152 S., 31 Zeichnungen, kart. ●

Aufsätze besser schreiben
Förderkurs für die Klassen 4–10. (0429) Von K. Schreiner, 144 S., 4 s/w-Fotos, 27 Zeichnungen, kart. ●

Deutsche Grammatik
Ein Lern- und Übungsbuch. (0704) Von K. Schreiner, 112 S., kart. ●

Besseres Englisch
Grammatik und Übungen für die Klassen 5 bis 10. (0745) Von E. Henrichs, 144 S., ●●

Richtige Zeichensetzung
durch neue, vereinfachte Regeln. Erläuterungen der Zweifelsfragen anhand vieler Beispiele. (0774) Von Prof. Dr. Ch. Stetter, 160 S., kart. ●

Das Deutschbuch
Ein Sprachprogramm für Ausländer, Erwachsene und Jugendliche.
Autorenteam: J. M. Puente, H.-J. Demetz, S. Sargut, M. Spohner.

Grundbuch Jugendliche
(4915) Von Puente, Demetz, Sargut, Spohner, Hirschberger, Kersten, von Stolzenwaldt, 256 S., durchgehend zweifarbig, kart. ●●

Grundbuch Erwachsene
(4901) Von Puente, Demetz, Sargut, Spohner, 292 S., durchgehend zweifarbig, kart. ●●●

Arbeitsheft
zu Grundbuch Erwachsene und Jugendliche. (4903) Von Puente, Demetz, Sargut, Spohner, 160 S., durchgehend zweifarbig, kart. ●●

Aufbaukurs
(4902) Von Puente, Sargut, Spohner, 232 S., durchgehend zweifarbig, kart. ●●●

Lehrerhandbuch Grundbuch Erwachsene (4904) 144 S., kart. ●●

Lehrerhandbuch Grundbuch Jugendliche (4929) 120 S., kart. ●●

Lehrerhandbuch Aufbaukurs
(4930) 64 S., kart. ●

Glossare Erwachsene:
Türkisch (4906) 100 S., kart. ●
Englisch (4912) 100 S., kart. ●
Französisch (4911) 104 S., kart. ●
Spanisch (4909) 98 S., kart. ●
Italienisch (4908) 100 S., kart. ●
Serbokroatisch (4914) 100 S., kart. ●
Griechisch (4907) 102 S., kart. ●
Portugiesisch (4910) 100 S., kart. ●
Polnisch (4913) 102 S., kart. ●
Arabisch (4905) 100 S., kart. ●

Glossare Jugendliche:
Türkisch (4927) 104 S., kart. ●
Italienisch (4932) 104 S., kart. ●
Spanisch (4933) 104 S., kart. ●
Serbokroatisch (4934) 104 S., kart. ●
Griechisch (4936) 112 S., kart. ●

Tonband Grundbuch Erwachsene
(4916) Ø 18 cm. ●●●●●

Tonband Grundbuch Jugendliche
(4917) Ø 18 cm. ●●●●●

Tonband Aufbaukurs
(4918) Ø 18 cm. ●●●●●

Tonband Arbeitsheft
(4919) Ø 18 cm. ●●●●●

Kassetten Grundbuch Erwachsene
(4920) 2 Stück à 90 Min. Laufzeit. ●●●●

Kassetten Grundbuch Jugendliche
(4921) 2 Stück à 90 Min. Laufzeit. ●●●●

Kassetten Aufbaukurs (4922) 2 Stück à 90 Min. Laufzeit. ●●●●

Kassette Arbeitsheft Grundbuch
(4923) 60 Min. Laufzeit. ●●

Overheadfolien Grundbuch Erwachsene (4924) 60 Stück ●●●●●

Overheadfolien Grundbuch Jugendliche (4925) 59 Stück. ●●●●●

Overheadfolien Aufbaukurs
(4931) 54 Stück. ●●●●●

Diapositive Grundbuch Erwachsene
(4926) 300 Stück. ●●●●●

Bildkarten zum Grundbuch Jugendliche und Erwachsene. (4928) 200 Stück. ●●●●●

Die hier vorgestellten Bücher, Videokassetten und Software sind in folgende Preisgruppen unterteilt:

● Preisgruppe bis DM 10,–/S 79,–
●● Preisgruppe über DM 10,– bis DM 20,– S 80,– bis S 160,–
●●● Preisgruppe über DM 20,– bis DM 30,– S 161,– bis S 240,–
●●●● Preisgruppe über DM 30,– bis DM 50,– S 241,– bis S 400,–
●●●●● Preisgruppe über DM 50,–/S 401,–
*(unverbindliche Preisempfehlung)

Bestellschein

Erfüllungsort und Gerichtsstand für Vollkaufleute ist der jeweilige Sitz der Lieferfirma. Für alle übrigen Kunden gilt dieser Gerichtsstand für das Mahnverfahren. Falls durch besondere Umstände Preisänderungen notwendig werden, erfolgt Auftragserledigung zu dem bei der Lieferung gültigen Preis. Ich bestelle hiermit aus dem Falken-Verlag GmbH, Postfach 1120, D-6272 Niedernhausen/Ts., durch die Buchhandlung:

Ex. ____________________

Ex. ____________________

Ex. ____________________

Ex. ____________________

Name: ____________________

Straße: ____________________ Ort: ____________________

Datum: ____________________ Unterschrift: ____________________

FALKEN VERLAG

Für die Schweiz: sFr.-Preise gemäß Preisauszeichnung in der Buchhandlung